Streit um den Koran

Christoph Burgmer

Streit um den Koran
Die Luxenberg-Debatte: Standpunkte und Hintergründe

Verlag Hans Schiler

Bibliographische Information der Deutschen Bibliothek
Die Deutsche Bibliothek verzeichnet diese Publikation in der
Deutschen Nationalbibliographie; detaillierte bibliographische
Daten sind im Internet unter *http://dnb.ddb.de* abrufbar.

© by Verlag Hans Schiler
Alle Rechte vorbehalten / All rights reserved
Erstausgabe
1. Auflage 2005
Umschlaggestaltung: JPP Berlin
Umschlagfoto: Koranschule in Pakistan, picture-alliance / dpa
Fotograf: epa AFP, © dpa – Bildarchiv
Umschlagrückseite: Foto Henrik Jeep
Satz: textintegration.de
Druck: AZ Druck, Kempten im Allgäu
Printed in Germany

ISBN 3-89930-067-x

Inhalt

„Das steht so im Koran" Anstelle eines Vorwortes eine Polemik Von Christoph Burgmer	7
„Licht ins Dunkel" Der Koran als philologischer Steinbruch Ein Gespräch mit Christoph Luxenberg	14
Weihnachten im Koran Ein Beitrag von Christoph Luxenberg	35
Antikes Lernen Die orale Rezeption des Koran Ein Gespräch mit Manfred Kropp	42
Die korrumpierte Tradition? Zur religiösen Geschichtsbildung Ein Gespräch mit Gerd-Rüdiger Puin	51
Bahira-Legende, Dante und Luxenberg Von verschiedenen Koranwahrnehmungen Von Michael Marx	64
Zur Archäologie einer Heiligen Schrift Überlegungen zum Koran vor seiner Kompilation Von Angelika Neuwirth	82
Der globalisierte Koran Moderne Selbstbegründungen Ein Gespräch mit Reinhard Schulze	98
„Zurück in die Zukunft" Korankritik in der europäischen Diaspora Ein Gespräch von Michael Briefs mit Soheib Bensheikh	111
Den Koran neu Denken Für eine humanistischen Hermeneutik Ein Beitrag von Nasr Hamid Abu Zaid	123
Autoren und Gesprächspartner	146
Literaturauswahl	148

„Das steht so im Koran"
Anstelle eines Vorwortes eine Polemik
Von Christoph Burgmer

1999 traf ich Maulavi Mohammad Salim Haqqani, stellvertretender Minister des zur damaligen Zeit berüchtigten Ministeriums für die „Überwachung der islamischen Moral und die Bekämpfung der Sünde", dem CIA der Taliban, in Kabul. In einem zerstörten afghanischen Ministerialgebäude, umringt von barfüßigen Gotteskriegen schaute er mich, hinter einem Schreibtisch sitzend, verwundert an, als ich ihm die Frage stellte, wie denn die Taliban ihre Herrschaft in Afghanistan begründen würden. Scheinbar sah er eine solche Frage just zu der Zeit, als die Taliban auf dem Höhepunkt ihrer Macht waren, als völlig abwegig und unsinnig an.

„Das steht so im Koran", antwortete er deshalb auch siegesgewiss und ohne jeden Zweifel. Seine Antwort bestand nur aus diesem einen Satz. Ihm folgte ein strafender, belehrender und aufmunternder Blick, wie der eines Vaters, der seinen noch unerfahrenen Sohn in die Geheimnisse des Lebens einzuweisen versucht. Es folgte eine lange Pause. Als er bemerkte, dass ich mich nicht regte, begann er schließlich doch mit einer Erklärung.

Aber Haqqani sprach nicht von der fürchterlichen politischen Realität im Afghanistan der Taliban, von den öffentlichen Bestrafungen im Sportstadion als Folge einer ordnungspolitisch ausgelegten Sharia, von den öffentlichen Zwangsregeln für Männer und Frauen, auch nicht vom Krieg, von der Unterversorgung der Menschen oder dem „islamfeindlichen" Westen. Nein, der Mullah begann in klassischer Gelehrsamkeit den Koran zu erklären, seine Entstehungsgeschichte, von den Offenbarungen des Propheten und den Kämpfen in der Frühzeit des Islam zu reden.

Dabei strahlte jede Handbewegung, jede mimische Nuance jene erschreckend naive Siegesgewissheit aus, die nur denjenigen zu Eigen ist, deren Gottesvorstellung in gesellschaftliche Wirklichkeit umgesetzt werden soll. Der Mullah blendete gleichsam mit göttlich inspiriertem rhetorischem Glanz seine analphabetischen Zuhörer, wortgewandt zitierte er auf Arabisch aus dem Koran, dem einzigen, ewig gültigen göttlichen Wort, um dann die Koranpassagen in Paschtou und Dari zu erläutern. Inmitten des Krieges in einer Ruinenstadt, in einer absurden und kafkaesken Situation, blitzte eine längst vergangene klassische Gelehrsamkeit auf.

Doch Kabul, der zerstörte Ort, ist mehr als nur ein einfacher Hintergrund. Die Ruinenstadt steht symbolisch für eine politisch aufgeladene islamisch-urbane Gelehrsamkeit, für deren Vertreter der Korantext willkommener Steinbruch ist. Genau wie islamistische Gruppen extrahieren auch sie Leitsätze aus ihm heraus, im Gegensatz zur antiemanzipatorischen Umsturzideologie der Islamisten jedoch gebrauchen sie den Koran im Sinne des Machterhaltes.

Doch die Handhabung des Koran ist nicht nur der Gradmesser für den intellektuellen Anspruch islamistischer Gesellschaftsutopien, er ist auch konservativer Reflex der zwischen westlichem Kolonialismus, autoritären Regimes und verbreitetem religiösem Eiferertum erstarrten islamischen Gelehrtenschicht. Der realpolitischen Zwangslage folgt die kollektive politische Perspektivlosigkeit und intellektuelle Agonie nach, in die die islamischen Gesellschaften durch jahrzehntelange diktatorische Regentschaft gestürzt wurden.

In den vergangenen Jahrzehnten, nach der Unabhängigkeit vieler islamischer Staaten, ist jede Opposition, sind zahlreiche Versuche einer demokratischen Beteiligung der Menschen an der politischen Gestaltung der Gesellschaft mit Gewalt zerschlagen worden, von Marokko bis Indonesien, von Usbekistan bis in den Sudan. Tausende linke, säkulare und islamische Intellektuelle sind in Afghanistan, Iran, Syrien, Ägypten und im Irak in Gefängnissen eingeschüchtert, gefoltert oder gar ermordet worden, andere sind in den Westen geflohen. Demokratie ist auch, jedoch nicht nur, wegen der oft unrühmlichen Rolle der westlichen Politik in vielen islamischen Ländern ein Fremdwort geblieben.

Waren so genannte „antiimperialistische" politische Aktivisten in den 70er und 80er Jahre durch die Oppositionssetzung von „Westen" und „Islam" immerhin noch an eine internationale intellektuelle Diskussion angebunden, erstarrten auch sie aufgrund fehlender Alternativen zum globalisierten Kapitalismus der 90er Jahre zu einer lokalen Randerscheinung.

Das intellektuelle insgesamt Leben verkümmerte, wurde nach und nach von Mehltau überzogen und eine bis in die Gegenwart andauernde geistige Tristesse breitete sich aus. Man begab sich, so schien es, freiwillig in eine äußere und innere Isolation, es schien, als wäre man sich selbst genug, und würde nur in der abschätzenden Bewertung des exilintellektuellen islamischen Lebens in Europa übereinstimmen. So ist es kein Wunder, wenn die islamischen, insbesondere die arabischen Gesellschaften in Bezug auf den allgemeinen Bildungsstand nach UN Statistiken zu den rückständigsten der Welt gehören.

Die afghanischen und pakistanischen Mullahs sind Ergebnis, und nicht Ursache dieser Entwicklung. Ihre radikale islamistische Utopie speist sich aus dieser real existierenden intellektuellen Verelendung. Mangels wirksamer Alternativen liegt für sie der Rückgriff auf die eigenen religiösen Wurzeln nahe. Mit dem Koran als revolutionärem Symbol konnte und kann man Kriege gegen Ungläubige und Diktatoren heraufbeschwören, heizt man den Widerstand gegen die unbeseelte und technokratische Banalität der grauen großstädtischen Lebenswelten durch den göttlich inspirierten Sinn emotional auf und versetzt sich selbst in den vermeintlichen Stand eines „Wissenden", wohl wissend, dass die eigene Macht eng von Militärdiktaturen und Königshäusern begrenzt und der Islam mehr eine Ergänzung als eine Alternative zum globalisierten Kapitalismus ist.

Mit dem Koran in der Hand, dem „Allahu akbar" auf den Lippen, sahen sich selbst die tribal gebundenen afghanischen Mullahs, ganz in Anlehnung an das revolutionäre Konzept des *welayat-e faqih* des Ayatollah Chomeini, als erneuernde Politrevolutionäre, als leuchtende Leitbilder für Soldatenschüler, die Taliban. Dabei entledigten sie sich noch der letzten Erinnerung an die Komplexität der historischen islamischen Koranlesarten. „Islam ist die Lösung", die Religion als Utopie, die religiös fundierte Gesellschaft als politisches Heil, wurde zum ideologischen Extrakt einer von jeglicher geschichtlichen Erfahrung und intellektuellen Reflexion abgeschnittenen gesellschaftlichen Realität.

Der Islam als „Dritter Weg" zwischen Sozialismus und Kapitalismus ist im afghanischen Hochland gescheitert. Aus dem Bewusstsein dieses Scheiterns wurde der Märtyrer als neues Symbol des politischen Widerstandes aus spezifisch islamischen historischen Vorlagen rekonstruiert. Er ersetzt in den 90er Jahren des vergangenen Jahrhunderts den nationalistischen Widerstandskämpfer der 60er und 70er Jahre. Er sieht sich als ahistorischer Teil des göttlichen Willens. Deshalb enthalten die Koransuren für ihn konkrete politische Handlungsanweisungen. Doch von den tausenden Taliban der ersten Generation haben nur wenige überlebt, sie starben wie die Kinder auf Chomeinis Schlachtfeldern in Iran als Märtyrer.

Aber trotz aller Opfer blieb der islamische Gottesstaat ferne Utopie. Es kam nicht zum revolutionären Umsturz in der gesamten islamischen Welt – im Gegenteil – in Iran etabliert sich ein von Mullahs dominiertes technokratisch-autoritäres Regime, die Taliban wurden in kürzester Zeit von der amerikanischen Militärmaschinerie hinweggefegt. Nur aus diesem realen Scheitern der Utopie vom „Gottesstaat" ist der neue Prototyp des modernen transnationalen islamischen Glaubenskämpfers, der sich mit Koran und Kalaschnikow die Welt aneignet und der den Selbstmordanschlag als „Dienst am Islam" interpretiert, überhaupt zu verstehen.

Seine radikale politische Ideologie, die sich jetzt aus der Vernetzung von Koranauslegung und antisemitisch gefärbtem Antiimperialismus speist, mündet in ein dichotomes Weltbild, in dem er selbst das radikalisierte Gute, alles andere das Böse ist. Damit ist er auch die Negation jeder konkreten islamischen Gesellschaftsutopie, er will nicht aufbauen oder umstürzen. Sein Ziel ist das Bombenattentat, der Massenmord ohne jegliches politisches Bekenntnis, die Zerstörung und niemals die Emanzipation. Doch seine Macht ist gleich null, sein Einfluss auf die islamischen Gesellschaften der Gegenwart auf Randgruppen beschränkt, sein ideologisches Gerüst, auch aus islamistischer Perspektive, extrem primitiv. So wird auch er scheitern. Vielleicht nicht an den hochgerüsteten Cybersoldaten des amerikanischen Imperiums, selber unerbittliche Racheengel mit eigenen religiös fundierten Weltordnungsplänen, die keine Konkurrenz dulden. Sondern eher an der Ablehnung durch die Muslime selbst.

Sie haben begonnen, auf breiter Front zusehends kritisch die eigene, die islamische Geschichte und insbesondere die Religionsgeschichte zu reflektieren. Langsam setzt sich in den islamischen

Gesellschaften die Erkenntnis durch, nicht zuletzt als Folge des 11. Septembers, dass allein die bislang einfach zur Kenntnis genommen terroristischen islamistischen Ideologien nicht hinnehmbare gesellschaftliche Konsequenzen für alle Muslime haben. So wenig wie vor einer Generation iranische Mullahs ein Vorbild für islamische Intellektuelle waren, genauso wenig sind es in der Gegenwart die Terroristen von Al Quaida oder die tschetschenischen „Schwarzen Witwen".

Langsam, so scheint es, wenn auch weitgehend in der Anonymität des Internet und in der Diaspora, wird vor allem der Koran, auf den sich die Terroristen so dogmatisch beziehen, einer historischen Kritik unterzogen. Damit, so die Hoffnung, kann die Rückkehr eines einflussreichen intellektuellen Lebens in islamischen Gesellschaften wieder möglich werden.

Doch es geht weniger darum, den Islamisten Paroli zu bieten als vielmehr den dumpfen, geistfeindlichen arabischen Eliten, die bislang alle Emanzipationsversuche zu verhindern wussten. Ihnen soll so die Legitimation entzogen werden, sich ihre politische Macht durch willige Koranauslegung bestätigen zu lassen.

So scheint die göttlich legitimierte Führerschaft, wie sie die herrschenden arabischen Eliten gerne herbeizitieren, zusehends in der Reflexion Millionen selbst lesender und schreibender Muslime zu zerrinnen. In der Gegenwart wird Muslimen immer deutlicher, dass der religiöse Bezug nur ein Instrument autoritärer Ordnungsvorstellungen ist. Eine neue, junge Generation übt sich dagegen in Opposition, verlangt die verkrusteten, demokratiefeindlichen politischen Systeme der islamischen Welt aufzubrechen und rebelliert mehr oder weniger öffentlich gegen ultrakonservative Moralvorstellungen.

Wie lange können die Mullahs und Rechtsgelehrten das unbändige Verlangen der Jugend nach Wissen noch mit einer traditionellen Koranauslegung kontrollieren? Vor dem Hintergrund globalisierter Märkte und diffundierender kultureller Besonderheiten hat sich eine neue religiöse Intellektualität schon längst etabliert. Sie ist zwar noch auf der Suche nach einem politischen Ausdruck. Aber auch wenn sich die Auseinandersetzung mit traditionellen Eliten, der klassischen Gelehrsamkeit und dem politischen Establishment erst an wenigen Stellen andeutet, ist es gewiss, dass sie kommen wird. Am deutlichsten wird dies an der politischen Entwicklung in Saudi-Arabien. Denn die Welt wächst zusammen und die Mauern haben sich schon längst geöffnet. Viele betrachten Europa genauer, und haben gelernt zu differenzieren. Es wäre zu wünschen, dass endlich ein Brückenschlag gelingt, und europäische Intellektuelle sich in Solidarität mit jenen üben, die demokratische islamische Gesellschaften anstreben. Koranauslegungen jedenfalls wie sie Nasr Hamid Abu Zaid und Soheib Bensheikh in diesem Buch vorschlagen, könnten eine praktische Handreichung zur Überwindung intellektueller Isolation der arabischen Welt sein.

So versteht sich dieses Buch als ein mehrfaches Angebot. Einmal soll es kritischen und selbstkritischen Muslimen die Möglichkeit geben, sich, wenn auch nur durch eine Auswahl, einen verständlichen Überblick über die wissenschaftliche Textkritik zum Koran zu verschaffen. Weiter gibt es dem am Islam und an islamischer Politik interessierten Leser einen leicht nachzuvollziehenden Überblick über die Grundlagen des Koran, seine Entstehungsgeschichte und über die besonderen Schwierigkeiten, die mit seiner Lesung verbunden sind. Zusätzlich wird versucht, die Bedeutung des Koran in islamischen Gesellschaften der Gegenwart, ansatzweise jedenfalls, deutlich werden zu lassen. Als drittes will das Buch eine weitere Öffnung der wissenschaftlichen Debatte zur Interpretation des Korantextes anregen.

So kommen nicht nur westliche Islamwissenschaftler und Arabisten zu Wort, sondern auch kritische islamische Wissenschaftler selbst. Hierin besteht eine wichtige Möglichkeit interkulturellen Wissenschaftsaustausches. Gleichzeitig werden auf einer parallelen Ebene verschiedene Methoden zur Lesung des Koran in Grundzügen vorgestellt.

Anlass und Aufhänger dieses Buches sind jedoch die Thesen von Christoph Luxenberg. Seine „Syro-Aramäische Lesart des Koran" hat in den vergangenen zwei Jahren heftige öffentliche Reaktionen und ein weit über die Grenzen seiner Fachdisziplin hinausgehendes internationales Interesse hervorgerufen. Dem interessierten Leser gibt insbesondere der Artikel von Michael Marx einen profunden Überblick zum Stand der Diskussionen und zur Rezeption von Luxenbergs Thesen, insbesondere in der islamischen Welt selbst.

Eine letzte Anmerkung betrifft die Kritiker von Luxenbergs Thesen. Auch wenn die Kritik vielleicht an dem ein oder anderen Punkt berechtigt sein mag, was zu beurteilen mir insofern schwer fällt, weil ich das Syro-Aramäische nicht beherrsche, muss einen das teilweise zweifelhafte Niveau jedoch erstaunen, mit dem gegen Christoph Luxenberg polemisiert wird. Bisher ist die Kritik jedenfalls wissenschaftlich kaum stichhaltig.

Der Herausgeber und Mitautor dieses Buches möchte sich bei allen Autoren, Gesprächspartnern, beim Verlag und insbesondere bei Michael Briefs bedanken, der das Gespräch mit Soheib Bensheikh in Marseille führte und es für dieses Buch zur Verfügung stellte.

Auf eine wissenschaftliche Transkription arabischer Worte wurde zu Gunsten einer besseren Lesbarkeit verzichtet. Der Beitrag von Nasr Hamid Abu Zaid wurde dankenswerter Weise von Hans Schiler aus dem Englischen übersetzt. Bei der Übersetzung der Koranzitate wurde auf die Übersetzung von Rudi Paret zurückgegriffen. Ansonsten zitierte Koranstellen werden vom jeweiligen Autor verantwortet.

Heidelberg, im September 2004

„Licht ins Dunkel"
Der Koran als philologischer Steinbruch
Ein Gespräch mit Christoph Luxenberg

Christoph Burgmer: Herr Luxenberg, ihre Veröffentlichung mit dem für viele Laien kryptisch klingenden Titel „Die Syro-Aramäische Lesart des Koran. Ein Beitrag zur Entschlüsselung der Koransprache" hat hohe Wellen geschlagen. Weltweit berichteten die Zeitungen über ihre Forschungsergebnisse. Es gab zum Teil heftige Reaktionen und Diskussionen, es folgten Kongresse und Seminare. Stimmen aus aller Welt, Wissenschaftler, Laien, Muslime und Nichtmuslime melden sich kommentierend zu Wort. Mit dem Nebeneffekt, dass die Koranforschung, lange Jahrzehnte in den stillen Studierstuben einiger weniger westlicher und arabischer Wissenschaftler betrieben, plötzlich wie ein Phönix aus der Asche wieder in das Blickfeld der Öffentlichkeit, einer weltweiten und allgemeinen Öffentlichkeit rückt.

Ihr Buch ist ein Bestseller, und dies, obwohl es in Deutsch geschrieben und veröffentlicht ist und obwohl es äußerst schwierig zu lesen und zu verstehen ist. Warum entschlossen Sie sich dazu, den Koran mit sprachwissenschaftlichen Methoden zu untersuchen?

Christoph Luxenberg: Man muss voranschicken, dass man in der abendländischen Koranforschung schon seit langem weiß, dass viele Passagen im Koran unverständlich sind. Man folgt damit den Interpretationen arabischer Korankommentatoren.

Aber genau diese „dunklen Stellen" im Koran sind der Ausgangspunkt meiner Arbeit.

Denn die bisherigen Versuche sie zu deuten, geschahen nicht auf philologischer Basis, sondern beruhen vielmehr auf Mutmaßungen. Mutmaßungen können jedoch nie die Grundlage einer wissenschaftlichen Methode sein. Ich versuche, diese Stellen mit philologischen Methoden zu klären und zu belegen. Dazu hat sich, als bestes Hilfsmittel, das syro-aramäische Lexikon erwiesen.

Bevor wir auf den Koran und die Koransprache selbst kommen,

lassen Sie mich fragen, warum Sie sich der syro-aramäischen Sprache zur Erklärung des Koran bedienen?
Dazu muss man wissen, dass Aramäisch über ein Jahrtausend lang die Verkehrs- und Kultursprache des westasiatischen Raumes war, also des heutigen Vorderen- und Mittleren Ostens. Die Griechen nannten das dort gebräuchliche Aramäisch unter Auslassung des „A" Syrisch, in Anlehnung an Assyrien, das Land der Assyrer. Die christianisierten Aramäer im Zweiten Jahrhundert nach Christus nannten sich dann selbst Syrer und ihre Sprache Syrisch, um sich von den heidnischen Aramäern zu unterscheiden.
Und dieses Syrisch wurde durch die Bibelübersetzung, sowohl des Alten als auch des Neuen Testaments, zur herrschenden Kultur- und Schriftsprache. Die Araber nennen dieses Aramäisch bis heute Syrisch.

Syro-Aramäisch ist wie Arabisch eine semitische Sprache. Beide Sprachen sind also eng miteinander verwandt. Gilt diese Verwandtschaft auch für das Schriftsystem? Worin unterscheiden sich die syro-aramäische und die arabische Schrift?
Syro-Aramäisch und Arabisch haben viele gemeinsame Wurzeln, so auch im Verbalsystem, sind also Schwestersprachen. Das Besondere ist ihre so genannte Trilateralität. Das bedeutet, dass die Wurzel eines Wortes aus drei Konsonanten besteht. Und diese drei Konsonanten können erweitert werden. Das ist ein verbindendes Merkmal dieser semitischen Sprachen. Zum Beispiel das Wort *kataba*. Es heißt im Syrischen wie auch im Arabischen „schreiben" und besteht aus der Wurzel *k-t-b*.
Diese Wurzelkonsonanten werden in der Regel auch geschrieben. Man hat aber auch die so genannten Halb-Vokale oder Konsonanten als Mater Lectionis, das heißt als Vokalbuchstaben mit verwendet. Denn Vokale wurden zunächst nicht geschrieben. Jedenfalls standen in den frühen Koranhandschriften keine Vokale. Sie wurden erst später hinzugefügt.
Das Verständnis der arabischen Schrift wird zusätzlich dadurch erschwert, dass die Konsonanten nicht eindeutig sind. Denn im Gegensatz zu den 22 Buchstaben des aramäischen Alphabets verfügt das arabische Alphabet eigentlich nur über 15 Zeichen. Das heutige

arabische Alphabet besteht aber aus 28 Zeichen. Von diesen 28 Zeichen sind jedoch nur sechs eindeutig. Die übrigen 22 Zeichen sind zwei- oder mehrdeutig.
Dazu ein Beispiel. Bedienen wir uns wieder der Buchstaben *k-t-b*. Durch die Mehrdeutigkeit in der geschriebenen Form kann ich lesen: *kataba*, was schreiben heißt, ich könnte aber auch *kabata* lesen, das heißt unterdrücken. Ein weiteres Beispiel ist das Wort *scharala*, *s-r-l*, es heißt beschäftigen, könnte aber auch *schaala*, anzünden heißen.
Zwischen Syro-Aramäischem und Arabischem, in der Schriftform, existiert zwar eine Verwandtschaft. Sie ist jedoch nur partiell. Denn im Gegensatz zum Aramäischen sind viele Buchstaben in der arabischen Schrift in ihrer Form auf ein gleiches Zeichen reduziert. Und erst wenn dieses Zeichen mit Punkten gekennzeichnet ist, wird es eindeutig. Sonst bleibt es Ausdruck für bis zu fünf verschiedene Buchstaben. Ein und dasselbe Zeichen kann durch unterschiedliche Punktsetzung als ein n, ein *b*, ein *t*, ein *j* oder ein *n* gelesen werden. Diese Punkte, so genannte diakritische Zeichen, werden ober- oder unterhalb der Buchstaben geschrieben. Aber in den frühen Schriftzeugnissen des Arabischen finden sie sich nicht. Man hat sie sich erst später ausgedacht, hat also erst später ein System entwickelt, das aus nicht eindeutigen Zeichen eindeutige machte.
In der syro-aramäischen Schrift dagegen gibt es nur zwei Buchstaben, die einander ähnlich sehen und mit zwei Punkten unterschieden werden. Es ist das *d* und das *r*. Beim *d* ist es ein Punkt drunter, beim *r* ein Punkt drüber. Das Syro-Aramäische ist also sehr viel eindeutiger als das Koranarabische.

Versetzen wir uns in den vorderasiatischen Raum im 7. Jahrhundert. Welche Rolle nahm die syro-aramäische Schrift und Sprache in dieser Zeit ein? War es die Wirtschaftssprache, oder gar die Lingua Franca, zu vergleichen etwa mit dem Persischen im Indien des 17.-19. Jahrhunderts oder dem Englischen in der Gegenwart, in der die Menschen mit verschiedener Muttersprache und unterschiedlichen Dialekten gemeinsam kommunizierten?
Das ist sehr wahrscheinlich. Es gab auch Araber, z.B. die Nabatäer, die das Aramäische als Schriftsprache verwendeten. Auch in Pal-

myra, wo ursprünglich aramäisierte Araber lebten, wurde Aramäisch gesprochen und geschrieben. Man nimmt deswegen an, dass sich die gebildeten Araber in und um Syrien herum der aramäischen Sprache bedient haben. Weiter im Osten ist das Persische, in den syrischen Städten das Griechische dominant. Ungeklärt ist bislang, welchen Einfluss diese Sprachen auf den Hijaz, die Wirkungsstätte des Propheten Mohammeds auf der arabischen Halbinsel, im heutigen Saudi-Arabien hatte. Aber wenn die Sprache des Koran die Sprache des Hijaz gewesen ist, dann muss man von einem starken aramäischen Einfluss ausgehen.
Selbst der Name Mekka ist schließlich aramäisch. Damit bezeichnet man im Aramäischen eine Senke. Und tatsächlich liegt Mekka in einem Tal, in einem Kessel zwischen zwei Bergen. Das würde auf eine aramäische Siedlung hindeuten. Und der Prophet Mohammed war Händler und reiste sogar bis Damaskus. Es ist anzunehmen, dass er alle diese Sprachen zumindest gekannt haben muss. Denn man kann sich keinen Händler vorstellen, der sich in ein fremdes Land begibt und dort Geschäfte tätigt, ohne wenigstens etwas von den dort verwendeten Sprachen zu wissen. Er muss also zumindest einige Worte dieser Sprache verstanden haben.
Dagegen wird die Frage, ob der Prophet diese Sprache auch schreiben konnte, von der islamischen Tradition definitiv verneint. Es wird deutlich hervorgehoben, dass Mohammed ein Analphabet gewesen sei. Obwohl an einer Stelle im Koran steht: „Du hättest diese Schrift nicht lesen und nicht mit deiner Rechten schreiben können." Deswegen nehme ich an, dass der Koran damit meint, dass der Prophet lesen und schreiben konnte.

Wie ist die Sprache sozial und politisch in die Gegebenheiten Mekkas im 7. Jahrhundert eingebettet?
Mekka war eine wichtige Station auf der Handelsstraße zwischen Syrien und dem Süden der arabischen Halbinsel. Gerade die Nabatäer, Aramäer, deren Hauptstadt Petra war, im heutigen Jordanien gelegen, haben sich intensiv als Händler betätigt. Natürlich hielten sich auch in Mekka, wie in jeder Handelsmetropole, viele Ausländer auf, vorwiegend Aramäer. Die Araber selbst waren meistens

Nomaden und nicht sesshaft. Die Bezeichnung Araber verweist darauf, denn es ist die Bezeichnung für Menschen, die der nomadischen Lebensweise folgen. Über die Sprache, die der Prophet Mohammed gesprochen hat, weiß man nichts. Überliefert sind nur die späteren Aussprüche des Propheten, die so genannten Hadithe.

Im Mittelalter sammelte man sie und um sie zu belegen, befragte man Personen, die ihre Kenntnisse auf frühere Autoritäten zurückführen konnten, also durch frühere Autoritäten belegten. Deswegen gilt ein Hadith erst dann als echt, wenn man es auf eine ununterbrochene Kette von Autoritäten zurückführen kann, die bis auf den Propheten zurückgeht.

Obwohl es ein für damalige Verhältnisse ausgeklügeltes wissenschaftliches System war, nach dem man vorging, sind die überlieferten Hadithe heute dennoch kritisch zu hinterfragen. Dies haben auch viele Muslime in den vergangenen Jahrhunderten selbst getan. Al Buchari, der wichtigste muslimische Hadithforscher, hat im 9. Jahrhundert an die 60.000 solcher Sprüche gesammelt. Er stufte jedoch nur 2.000 als „wahrscheinlich echt" ein. Und von diesen wurden später viele immer wieder in Frage gestellt.

Dennoch sind Hadithe bis heute in Fragen der Rechtsfindung eine sehr wichtige Ergänzung des Koran. Und dies, obwohl es nur mündliche Aussagen des Propheten sind, und diese mündlichen Aussagen erst ziemlich spät, nicht etwa von Zeitgenossen, gesammelt wurden. Man kann sich also weder bezüglich ihres Alters noch ihrer Herkunft sicher sein. Im Gegensatz zu den ältesten Koranschriften, die uns zugänglich sind und die aus dem frühen achten Jahrhundert stammen.

In welchem Verhältnis standen die Arabische Sprache und das Syro-Aramäische in der Zeit des Propheten und in der Folge zueinander?

Zu Beginn des Islam war es eine zeitlang so, dass die offizielle Sprache Syrisch war, also das Syro-Aramäische neben dem Arabischen existierte. Schließlich entwickelte sich die arabische Schrift aus der nabatäischen Schrift, hatte also ihre Vorbilder darin.

Auch wenn man im ersten Jahrhundert der Hidjra, dem Beginn der islamischen Zeitrechnung, das Arabische schon als Schriftsprache verwendete, wurde das Syrische endgültig erst unter dem Kalifen Abdel Malik Ibn Marwan als offizielle Schriftsprache ersetzt. Das war etwa 70 Jahre nach dem Tod des Propheten.

Welche sprachhistorischen Herleitungen hat das Arabische?

Man hat bislang angenommen, dass das Arabische zu den ältesten semitischen Sprachen gehört, also schon 2000 oder gar 3000 vor Christus verwendet, dass heißt gesprochen wurde. So hat man in der Wissenschaft auch niemals versucht, die koranarabische Sprache etwa über spätere semitische Sprachen zu klären. Vielmehr erklärte man das unverständliche Koranarabisch aus dem Arabischen selbst.

In der arabischen Tradition bezog man sich dabei auf die arabische Poesie, die man als vorislamisch voraussetzt, also für älter als die Schriftsprache des Koran hält. Dabei ist das Alter dieser Poesie schon häufig in Frage gestellt worden. Zum Beispiel durch Taha Hussain, einen bekannten ägyptischen Schriftsteller des 20. Jahrhunderts.

Seine These lautete, dass es überhaupt keine schriftlichen Zeugnisse altarabischer Poesie gäbe, sondern dass diese erst in arabischer Zeit entstanden seien. Er begründete dies damit, dass die Poesie erst im neunten Jahrhundert gesammelt worden sei. Die Frage, so Taha Hussain, müsse doch erlaubt sein, wie und von wem man im 9. Jahrhundert plötzlich solche Mengen arabischer Lyrik sammeln konnte.

Doch alleine schon die Frage sorgte damals für erheblichen öffentlichen Aufruhr in Ägypten. Taha Hussain musste seine Äußerungen öffentlich zurücknehmen. Denn für die arabische Tradition war und ist die altarabische Poesie identisch mit der Koranprache.

Die schriftliche Kodifizierung des Koran geht, folgt man eben jener erwähnten islamischen Tradition, auf den dritten rechtgeleiteten Kalifen Othman, also den von allen Muslimen anerkannten dritten Nachfolger Mohammeds in der Führung der muslimischen Gemeinde, zurück. Er soll die verschiedenen Koranfragmente im 7. Jahrhundert, wenige Jahre nach dem Tod des Propheten Mohammed gesammelt, gesichtet und in der überlieferten Form geordnet haben.

So heißt es in der islamischen Tradition. Aber aus der Frühzeit des Islam existiert keine Koranhandschrift, jedenfalls ist bis heute keine gefunden worden.

Hinter eine solche Aussage ist also ein großes Fragezeichen zu setzen. Besonders dann, wenn man sich bewusst macht, dass von diesem Urkoran keine Abschrift bewahrt worden ist, und dies, obwohl der Koran in Buch- bzw. Handschriftenform als das erste arabische Buch gilt. Was erstaunlich ist.

Denn außer einigen Inschriften existieren keine älteren arabischen Texte. Abgesehen vom Koran stammt die älteste arabische Literatur erst aus der Mitte des 8. Jahrhunderts. Es ist eine Biographie des Propheten von Ibn Hisham und das Buch von Kalila wa Dimmna von Ibn al Muqqaffa.

Es drängt sich also die Frage auf, ob die Araber zwischen der Entstehung des Koran bis zum ersten Buch der arabischen Literatur weder gelesen noch geschrieben haben? Ja, wer denn überhaupt diese Araber waren und welche Ausbildung die Schreiber und Abschreiber hatten, die den Koran niederschrieben?

Es existieren zwar einige arabische Inschriften, die wesentlich älter sind als das Koranarabische und schon aus vorislamischer Zeit stammen. Aber das dort verwendete Arabisch, und definitiv ist es Arabisch, ist mit aramäischen Wörtern vermischt. So zum Beispiel die berühmte Inschrift von Nemara aus dem Jahr 328 vor Christus, die etwa 120 Kilometer südöstlich von Damaskus zu finden ist.

Es sind sogar noch frühere Inschriften entdeckt worden, die auf eine arabische Sprache hindeuten. Neben arabischen Inschriften existieren noch kleinere Schriften und Briefe auf Papyri aus der Zeit Mohammeds und seiner unmittelbaren Nachfolger. Es gibt jedoch keinerlei Bücher. Dabei sprachen die Menschen, so jedenfalls wiederum sagt die arabische Tradition, zur Zeit des Propheten eben jenes klassische Hocharabisch des Koran.

Als Beleg dafür wird eben jene oben schon erwähnte altarabische Dichtung angeführt. Sie ist zwar tatsächlich in klassischer Form geschrieben, aber ob dieses klassische Arabisch jemals gesprochen wurde, lässt sich nicht feststellen. Zudem weiß man, dass Poesie eine Kunstform ist.

Es kann also durchaus so gewesen sein, dass es Dichter gab, die das klassische Arabisch beherrschten, und ihre Gedichte tatsächlich überliefert wurden und sich so bis auf den heutigen Tag erhalten haben. Aber dies ist kein Beweis dafür, dass die Sprache auch im Alltag verwendet wurde. Ich bin viel mehr der Überzeugung, dass man das klassische Arabisch nicht gesprochen hat, sondern sich zur Zeit des Propheten verschiedener Dialekte bediente.

Für gläubige Muslime ist Arabisch eine sakrale Sprache, die Sprache des Koran und damit auch die Sprache Gottes. Sie sind davon überzeugt, dass Gott Arabisch gesprochen hat oder jedenfalls, dass er die Offenbarung in arabischer Sprache mitgeteilt hat. In welchem Verhältnis steht die göttliche Herkunft der Sprache zu ihrer Niederlegung, also zur arabischen Schrift?

Niemand behauptet, dass Gott selbst geschrieben hätte. Es heißt nur, dass er offenbart habe. Und es heißt ferner, dass diese Offenbarung zunächst mündlich mitgeteilt wurde und dass der Prophet sie mündlich verkündet hat. Erst die Zuhörer hätten sie niedergeschrieben.

An diesem Punkt war jedenfalls eine Menschenhand am Werk. Es ist nicht der Prophet, der die Offenbarungen aufgeschrieben hat, sondern es sind seine Zeitgenossen und spätere Schreiber. Die Schrift an sich hat also nicht die gleiche Bedeutung wie die Sprache. Der Akzent liegt auf „Sprache" und nicht auf „Schrift".

Natürlich hat die Schrift später eine sakrale Bedeutung gewonnen, besonders als man sie kaligraphisch weiter entwickelte. Da die bildliche Darstellung im Islam nicht erlaubt ist, hat man die Schrift, vor allem Koransprüche, zum Ausschmücken von sakralen Bauten verwendet. Im Sufismus hat sie zusätzliche, mystische, fast göttliche Bedeutung erlangt. Dennoch gibt uns die Schrift lediglich ein Bild der arabischen Sprache. Ob dieses schriftliche Bild auch so, wie wir heute behaupten, tatsächlich gesprochen wurde, ist unbekannt.

Um dies zu belegen, beruft man sich auf die mündliche Überlieferung. Aber gerade weil man sich immer wieder auf die mündliche Überlieferung beruft, kann man in Bezug auf den Koran nicht von einem gesicherten Text ausgehen. Denn die mündliche Überlieferung erweist sich genau dann als zweifelhaft, wenn im Korantext etwas anderes geschrieben steht.

Und dies ist immer dann der Fall, wenn die „dunklen Stellen" im Koran auch unter Zuhilfenahme der mündlichen Überlieferung nicht zu deuten sind. Damit sind jedoch nicht nur diese Teile, sondern ist die Überlieferung insgesamt in Frage zu stellen.

Welche Begründungen, aus sprachwissenschaftlicher Perspektive, lassen sich für die Zweifel an der Überlieferung anführen?
Die Ursache dafür liegt im System der arabischen Schrift selbst. Sie scheint wirklich nur von Eingeweihten verstanden worden zu sein. Um dies zu begründen, müssen wir noch einmal auf die diakritischen Zeichen in der arabischen Schrift zurückkommen.
Diese Punkte, so weiß man, wurden erst später hinzugefügt. Meine These ist, dass die – nennen wir sie einmal Lektoren die Koransprache nicht mehr vollständig erkannten, sie schlicht nicht mehr beherrschten. Deshalb gingen die Lektoren mit ihrem zeitspezifischen Verständnis der arabischen Sprache an die Deutung der Koranschrift heran. Denn in ihrer Zeit war das Aramäische weitgehend, jedenfalls aus ihrer Wahrnehmung, verschwunden.
Bewusst oder unbewusst ignorierten sie also die historisch belegte arabisch-aramäische Sprachverwandtschaft. Diese wäre jedoch zum Verständnis des Textes absolut notwendig gewesen. Schließlich basiert das Schriftsystem des Koran auf dem Aramäischen. Eine weitere mögliche Fehlerquelle liegt im arabischen Schriftsystem selbst. Wie oben schon ausgeführt sind von den 28 Buchstaben des Alphabets nur sechs Zeichen eindeutig. 22 Buchstaben waren zu interpretieren. Das Risiko, sich hier zu verlesen, war sicherlich erheblich. So könnte man sich auch die häufigen Fehllesungen erklären.
Es ist also anzunehmen, dass die ursprünglichen Schreiber des Koran diesen zwar ohne Punkte und ohne diakritische Zeichen richtig gelesen und richtig verstanden haben. Den späteren Lesern und Schriftgelehrten jedoch, die versucht haben, den Koran eindeutig in seiner Lesart festzulegen und die dazu die diakritischen Punkte eingefügt haben, fehlte kulturhistorisches Wissen. Deshalb konnten sie sich viele Stellen nicht mehr erklären und haben sich in der Setzung der Zeichen einfach geirrt.
Es ist also nicht der Koran, der fehlerhaft ist, sondern Menschen, die diesen Text gelesen haben. Diese These wird auch durch die

historische Tatsache gestützt, dass es gerade gegen die Punktsetzung erhebliche Widerstände gegeben hat. Das Wissen darum, dass der Koran ursprünglich ohne Punkte niedergeschrieben wurde, ist bis heute nicht verschwunden. Und da gläubige Muslime den Koran als heilige Schrift betrachten, existierte lange die Überzeugung, dass man ihn nicht hätte durch Punkte ergänzen dürfen. Deswegen kann auch jeder sagen, dass diese Punkte von Menschenhand hinzugefügt worden sind. Sie gehörten niemals zum ursprünglichen Wort Gottes.

Auch arabische Gelehrte haben in den vergangenen Jahrhunderten immer wieder festgestellt, dass zum Teil erhebliche Abweichungen in verschiedenen Koranfassungen existieren?
Das stimmt. Bis heute existieren in verschiedenen Koranfassungen erhebliche Abweichungen. An der Universität Kuwait gibt es ein achtbändiges Werk über solche Abweichungen. Aber diese Abweichungen werden bei der Korandeutung nicht berücksichtigt.
In der Gegenwart ist die Kairiner Fassung maßgebend und gilt als kanonische Ausgabe. Muslime lesen und lernen den Koran nach dieser Ausgabe. Und es scheint so, dass diese Koranfassung derjenigen Lesart entspricht, die der große muslimische Korankommentator Tabari im Übergang vom 9. ins 10. Jahrhundert editiert hat.
Solange existiert die mündliche Überlieferung schon. Tabari selbst gilt als der bedeutsamste Korankommentator im Islam. Dabei kommentierte er noch nicht einmal den Koran selbst, sondern sammelte und bewertete Aussagen über ihn. Seine wissenschaftliche Methode entspricht dabei exakt der des in Buchara geborenen berühmtesten aller mittelalterlichen Koranforscher, al Buchari.
Dabei werden zunächst so genannte „Autoritäten" befragt, also Personen, die aufgrund ihres Rufes, ihrer Kompetenz, ihres Einflusses usw. als herausragend gelten, und die Aussprüche des Propheten von vorhergehenden „Autoritäten" überliefert bekommen haben. Tabari nennt vollständige Ketten von Überlieferern und argumentiert, dass danach diese oder jene Passage so oder so verstanden werden müsse. Manchmal erstellt er nach dieser Methode jedoch bis zu 40 Überlieferketten zu nur einer Textpassage. Sie können verschiedene Erklärungen oder aber auch teilweise gleiche Deutun-

gen erbringen. So folgt Tabari der Tradition der mündlichen Überlieferung und er selbst fügt den Deutungen der Überliefererketten keine neue Lesart hinzu, wiewohl er schon die Deutung bewertet, und auch sagt, welche der Überlieferungen er für richtig hält.

Tabari war sicherlich einer der herausragenden Forscher des Mittelalters überhaupt. Er reiste durch die gesamte arabisch-islamische Welt, sprach mit zahllosen Personen und hinterließ ein monumentales Werk. Allein die Sammlung zum Koran umfasst mehr als 3.000 Seiten. Welchen Stellenwert haben die Ergebnisse der Arbeit Tabaris heute?

Er hat sich tatsächlich umfassend bemüht, die Wahrheit herauszubekommen. Dies geschah jedoch immer unter Berufung auf die mündliche Überlieferung, niemals auf eine schriftliche. Er nennt in seinem dreißigbändigen Werk nicht eine einzige schriftliche Quelle. Seine einzige schriftliche Referenz ist die, wie schon ausgeführt, recht fragwürdige altarabische Poesie. Sie benutzt er als Beispiel zur Deutung eines dunklen Wortes oder eines dunklen Ausdrucks im Koran.

Bei genauerer Untersuchung zeigt es sich jedoch, dass die arabische Poesie den koranischen Ausdruck erst sehr viel später verwendet und sogar selbst falsch verstanden hat. Wenn man aber diesen falsch verstandenen Ausdruck von Tabari wieder als Beleg für die korrekte Lesart heranzieht, befindet man sich in einer tautologischen Begründung. Tabari nennt auch andere, weitere Korankommentare. Sie sind jedoch nicht mehr auffindbar. So bleiben seine Kommentare auch für diese anderen die wichtigste Quelle. Man muss davon ausgehen, dass Tabari wahrscheinlich alles, was in seiner Zeit an Koranwissen vorzufinden war, zusammengetragen hat.

Sie selbst schlagen eine andere Lesart des Koran vor. Welche wissenschaftliche Methode verwenden sie, um die so genannten dunklen Stellen, also die unverständlichen Textpassagen im Koran zu erklären?

Eine Sprache muss etwas ausdrücken. Ich versuche also aus dem Schriftbild eine Sprache zu rekonstruieren, die aus dem Kontext he-

raus einen Sinn ergibt. Dazu nutze ich zunächst das Wissen darüber, dass sich die Koransprache mit geistlichen Themen, also auch mit biblischen Themen befasst. Somit ist es klar, dass sie in dem entsprechenden Sinnzusammenhang stehen muss.
Es gilt zunächst, intuitiv einen logischen Zusammenhang aus der Schrift heraus zu lesen. Reicht das Arabische dazu nicht aus, versuche ich es mit dem Aramäischen. Selbst wenn ein Wort gleich lautet, selbst bei Synonymen, prüfe ich, ob das Arabische oder das Aramäische einen Sinn ergibt.
Dazu muss man sich natürlich im Aramäischen auskennen. Denn nur durch die Kenntnis der syro-aramäischen Version der Bibel ist ein solcher Rückblick, eine solche Rekonstruktion möglich. Sie ist schließlich sicher überliefert und es bestehen keine Lese- und Verständnisprobleme. Außerdem gibt ein gesicherter wissenschaftlicher Apparat, wie Lexika, diesem Vorgehen eine profunde Basis.

Welche Teile des Koran untersuchen Sie?
Nach islamischer Tradition wurde der Koran teilweise in Mekka und zum Teil in Medina offenbart. Die in Mekka offenbarten Suren werden mekkanische Suren genannt, die von Medina, medinische Suren. Der größere Teil der Suren stammt jedoch aus Mekka. Sie handeln in erster Linie von Religion und Glauben.
Die medinischen Suren sind dagegen politischer. Und das hat sicherlich seinen Grund in der Tatsache, dass der Prophet zunächst von den Mekkanern vertrieben wurde und nach Medina auswandern musste. Diese so genannte Hidschra, die Auswanderung des Propheten 622 n. Chr., markiert den Beginn der islamischen Zeitrechnung. Doch immer war es sein Wille, in seine Heimatstadt zurückzukehren.
Letztlich kam es zu mehreren militärischen Auseinandersetzungen zwischen dem Propheten und seinen Anhängern und den Mekkanern. Solche realpolitischen Gegebenheiten schlugen sich verständlicherweise auch in den medinischen Suren nieder. Ich habe jedoch in erster Linie die mekkanischen Suren untersucht.
Ich habe zunächst 1993 angefangen, den Koran langsam und systematisch zu lesen, und habe mir nach und nach die Komplexität des Textes erschlossen. Dazu benötigt man einige Zeit, denn das Ver-

ständnis des Koran wird dadurch erschwert, dass es sich bei der Schriftsprache nicht um gebräuchliches Arabisch handelt, sondern um eine eigene arabische Sprache.

Der große deutsche Orientalist und Philologe aus dem 19. Jahrhundert Theodor Noeldeke behauptete sogar einmal scherzhaft, dass der gesunde Sprachsinn der Araber sie selbst daran gehindert habe, den Stil des Koranarabisch nachzuahmen. Im Koranstil findet tatsächlich eine eigene Sprache für sich ihren spezifischen Ausdruck.

Welchen Stellenwert hat der Koran für Sie als Sprachwissenschaftler?
Der Koran ist nach meiner Überzeugung der erste Versuch, sich in Schriftarabisch auszudrücken. Dieses Schriftarabisch hatte noch kein Vorbild. Die Initiatoren dieser arabischen Schriftsprache mussten also Elemente ihrer Kultursprache verwenden und man kann annehmen, dass diese Kultursprache das Aramäische war und nicht das Arabische.

Das Koranarabisch kann man also als arabisch-aramäische Mischsprache ansehen. Ich würde nicht so weit gehen, darin einen Versuch wie das Esperanto zu sehen. Aber das Ziel war gleich. Die Schreiber wollten, wie die Erfinder des Esperantos auch, möglichst vielen Menschen eine gemeinsame, verständliche Schriftsprache zugänglich machen. Dabei wurden auch Dialekte mit einbezogen, deren Verwendung die arabischen Philologen und Kommentatoren selbst schon früh erkannt haben.

In meinen Augen ist jedoch das, was sie für Dialekt hielten, eben genau die Verbindung von arabischen und aramäischen Elementen. Sie wurden durch weitere Lehnwörter, z.B. aus dem Persischen oder Griechischen ergänzt. Während diese Lehnwörter jedoch nur singuläre Erscheinungen im Koran darstellen, ist die Vermischung von arabischen und aramäischen Elemente für die Koranprache prägend.

Wurde die sprachhistorische Vielfalt, die den Koran kennzeichnet, in der Koranforschung berücksichtigt?
Die abendländische Koranforschung hat sich zunächst auf die arabische Tradition verlassen. Sie hat also versucht, den Koran im Ein-

klang mit der arabischen Tradition zu erforschen. Darüber hinaus ist es natürlich ihr Verdienst, dass sie herausgefunden hat, dass viele Lehnwörter im Koran Verwendung finden. Es gibt sogar Sammlungen dieser Lehnwörter. Eine ganze Anzahl von ihnen ist richtig hergeleitet.

Es gibt aber auch solche, die falsch gelesen, also verlesen sind und neu interpretiert werden müssen. Im Ansatz war man jedoch bemüht, die erkannten Lehnwörter etymologisch zu erklären. Dabei stellte man den aus der Tradition heraus interpretierten Sinn der Textpassage nicht in Frage. Man konnte es sich nicht vorstellen, dass die Koransprache etwas anderes sein sollte als konsistentes Altarabisch.

Blieb die Passage auch mit der neuen Worterklärung unverständlich, wurde dies damit entschuldigt, dass man es ja schließlich mit Altarabisch zu tun habe, welches man heute nicht mehr bis ins Detail verstehen könne. So ist niemand aufgefallen, dass dieses Arabisch einen aramäischen Ursprung hat.

Man erkannte also die aramäischen Elemente nicht oder schätzte ihren Einfluss gering ein. Man wollte der Koranpracke unter allen Umständen eine klassisch arabische Form zuweisen. Dem waren auch die Zweifel unterzuordnen. Alles musste wie echtes Arabisch aussehen. Es ist dieser unbedingte Wille, im Koran die klassische Form des Arabischen sehen zu wollen, die eine vorhandene aramäische Schicht des Korantextes verdeckt hat.

Ich hoffe, dass man sich durch meine Forschung über die Verwandtschaft der beiden Sprachen klar wird. Und dass man sich in der Semitistik wieder stärker der aramäischen Sprache zuwendet, nicht nur um den sprachlichen, sondern auch den komplexen kulturellen Zusammenhang dieser Sprachen untersuchen zu können. Ich könnte mir vorstellen, dass dies in Zukunft sicherlich zu Aufsehen erregenden neuen Forschungsergebnissen führen wird.

Wie groß ist Ihrer Meinung nach der aramäische Sprachanteil am Koran?

Was sich am Koran ändern wird, lässt sich quantitativ auf etwa 30 Prozent einschätzen. Aber dieser Anteil besagt eigentlich nicht viel. Qualitativ wird sich einiges ändern. Mit qualitativ meine ich, dass

theologische Inhalte des Koran neu überdacht werden müssen. Dies würde selbstverständlich zu ganz anderen Ergebnissen führen.
Voraussetzung ist, dass die islamische Theologie dazu bereit ist, den Koran neu zu lesen, das heißt, den Koran wirklich so zu verstehen, wie er sich selbst verstanden hat, nicht wie man ihn später interpretiert hat. Ich unterscheide hier scharf zwischen Korantext und späterer Koranexegese, denn der Korantext ist etwas anderes als die spätere Koranexegese.
Unverständnis hat dazu geführt, die Stellen extremistisch zu interpretieren. Ich habe die Hoffnung, ja sogar die Zuversicht, dass man mit einer vernünftigen, also richtig verstandenen Lesart des Koran Anhänger heutiger extremistischer Auslegungen, wie sie zum Beispiel in der Interpretation in Bezug auf den Begriff der „Ungläubigen" zum Ausdruck kommen, zum Einlenken bewegen kann, dass man sie zur Einsicht bringt.
Es mag vielleicht tragisch klingen, dass es manchmal Jahrhunderte dauert, bis man der Wahrheit einige Schritte näher kommt und es ist gewiss eine wichtige, eine verantwortungsvolle Aufgabe, so viele Menschen neu aufzuklären. Aber es ist letztlich den Muslimen überlassen, ob sie sich dieser Herausforderung annehmen wollen oder nicht. Meine Arbeit ist grundsätzlich wissenschaftlicher Natur. Es ist nicht meine Aufgabe zu missionieren oder die Muslime von ihrem Glauben abzubringen.

Nun haben schon einige Artikel über ihre Lesart des Koran in manchen Ländern heftige Reaktionen ausgelöst. In Pakistan stampfte man eine ganze Newsweek-Ausgabe ein, weil die Zeitschrift in einem Artikel über ihre Forschungsarbeit berichtete. Wie ist nach ihrer bisherigen Erfahrung die Reaktion der Muslime auf die neuen Forschungsergebnisse?
Meine bisherige Erfahrung ist, dass gläubige Muslime regelmäßig bereit waren, diese neue Deutung zu akzeptieren. Dies betrifft die neu zu lesenden Textpassagen, die von der islamischen Tradition abweichend zu lesen sind. Ich gehe ja nicht soweit zu behaupten, dass es Mohammed oder den Koran nicht gegeben hätte.
Die Existenz des Koran ist eine historische Tatsache. Nun geht es darum, diese historische Tatsache in ihrem historischen Rahmen,

das heißt auch historisch zu sehen, historisch-kritisch den Text zu untersuchen. Kritik heißt nicht, dass ich dieses Buch verunglimpfen will, sondern nur, es aufgrund sprachhistorischer Erkenntnisse richtig zu verstehen. Was man aus meiner Interpretation macht, liegt außerhalb meines Einflusses. Das liegt ganz in der Hand der muslimischen Theologen. Der Koran ist nun mal in zahlreichen Passagen unveränderlich und damit ist es das Wort Gottes auch. Ich behaupte niemals, dass es nicht das Wort Gottes ist.

Allerdings muss man zu der Einsicht kommen, dass dieses Wort Gottes im Laufe der Geschichte, insbesondere durch die Fehllesungen und durch die falsch gesetzten Punkte verändert wurde. Es ist also nicht das Wort Gottes, das verändert wurde, sondern es wurde von Menschen falsch interpretiert.

Nun sind Sie selbst kein Muslim. Die Reaktionen auf ihre Veröffentlichung sind zum Teil dennoch sehr heftig. Dies betrifft nicht nur Muslime, auch aus der Wissenschaft kommt zum Teil harsche Kritik an der Wissenschaftlichkeit ihrer Arbeit...
Ich will nicht von mir selbst behaupten, ich wäre dem Wort Gottes näher. Ich meine aber, dass Gott zu den Menschen in ihrer eigenen Sprache gesprochen hat. Man hat bisher versucht, die unverständlichen Passagen des Koran damit zu entschuldigen, dass es schließlich um die Sprache Gottes handele, die zu verstehen der Mensch nicht gänzlich fähig sei. Das ist natürlich ein Alibi, um sich nicht die Mühe machen zu müssen zu versuchen, den Koran mit menschlichen Mitteln zu verstehen. Es ist jedoch völlig absurd zu behaupten, ich wolle damit das Wort Gottes verändern. Noch einmal, es geht darum, den Koran sprachhistorisch zu verstehen.
Es ist natürlich auch leider so, dass, wenn man eine Arbeit mit einem neuen methodischen Ansatz publiziert, dies die verschiedensten Reaktionen hervorruft, auch die des Neides, der Konkurrenz und des Ärgers. Dies lässt sich von vorne herein nicht abschätzen.

Warum haben Sie ein Pseudonym gewählt? Dies ist in der Wissenschaft nicht nur unüblich, sondern auch verpönt. Sie wurden dafür immer wieder von verschiedener Seite kritisiert?

Wenn ich es nur mit Wissenschaftlern zu tun hätte, hätte ich, außer sich selbst entlarvenden Kritiken, nichts zu befürchten. Aber leider kann ich nicht ausschließen, dass radikale Islamisten meine Interpretation missverstehen und sie als Angriff auf den Koran und den Islam interpretieren.

Ich wäre niemals auf die Idee eines Pseudonyms gekommen, wenn nicht jüngste Beispiele mich abgeschreckt hätten, wie Salman Rushdie und andere Beispiele. Obwohl ich mich mit Salman Rushdie nicht vergleichen möchte. Er hat sich über den Propheten lustig gemacht. Egal was ich davon halte, dies ist absolut nicht in meinem Sinne. Mir geht es wirklich um eine seriöse wissenschaftliche Forschungsarbeit, durch die die Sprache des Koran verständlich wird.

Ihre Untersuchung ist allerdings ein massiver Angriff auf die islamische Tradition.
Ich fühle mich nicht an die islamische Tradition gebunden. Sie ist für mich nicht verpflichtend. So bin ich auch an die Lesung des Koran unvoreingenommen herangegangen und habe mich in meiner Arbeit nicht von den Ergebnissen der Tradition beeinflussen lassen.
Natürlich habe ich Verständnis dafür, wenn Menschen, die seit Jahrhunderten nichts anderes gehört haben als das, was die Tradition bis heute behauptet, durch meine Untersuchungsergebnisse schockiert sind. Aber so sehr ich diese Emotion auch nachempfinden kann, es hält mich nicht von meiner Arbeit ab.
Schließlich kann man es auch positiv wenden. Es muss ja keine Katastrophe bedeuten, sondern im Gegenteil, es könnte auch in der islamischen Theologie die Hoffnung auf ein neues, wahreres Verständnis des Koran hervorbringen.

Religiöse Texte werden in der Moderne als Steinbrüche genutzt, um sich eine wie auch immer konstruierte politische Ideologie zurechtzuzimmern. Dies gilt auch und ganz besonders für den politischen Islam des 20. Jahrhunderts, der insbesondere den Koran in diesem Sinne nutzt. Dies ist im vergangenen Jahrhundert verstärkt gemacht worden.
Nimmt man die lange islamische Geschichte als Basis, so hört man erst in neuerer Zeit von so etwas wie islamischem Fundamentalis-

mus. Lange Zeit existierte so etwas nicht. Der Islam war als tolerante Religion bekannt und nicht als extremistische Religion. Wir haben es also mit einem Phänomen der neueren Zeit zu tun, dessen Ursachen vielfältig sind und die zu erforschen nicht die Aufgabe eines Sprachwissenschaftlers ist.
Außerdem sollte man differenzieren lernen. Radikal islamistisch ist nur ein geringer Prozentsatz der Muslime. Wir können nicht von allen Muslimen behaupten, dass sie Terroristen seien. Dass man den Koran politisch instrumentalisiert, ist zwar eine bekannte Tatsache, liegt aber außerhalb der Verantwortung des Koran selbst. Auch wenn es viele Muslime gibt, die dies nicht trennen wollen. Ich würde sagen leider nicht, denn es ist ein Hinweis darauf, dass Politik im Islam nicht so verstanden wird wie im Westen.
Im Islam haben wir es mit einflussreichen theokratischen Elementen in der Politik zu tun. Deswegen spielt das Wort Gottes im Alltag, wie auch im politischen Leben, eine besondere Rolle. Die politische Sprache im Islam leitet sich sehr stark aus dem Koran ab, weshalb es oberflächlich betrachtet auch schwer fällt, Religion und Politik zu trennen.

Könnte eine Neuinterpretation, die auch in verschiedenen wissenschaftlichen muslimischen Kreisen, wenn auch wesentlich vorsichtiger und verborgener, aber immerhin doch auch dort betrieben wird, dazu führen, bei entsprechender Aufmerksamkeit der populären und populistischen Koraninterpretation der Fundamentalisten etwas entgegenzuhalten?
Man hat bisher angenommen, dass die medinischen Suren, auf die sich viele fundamentalistische Ideologen beziehen, richtiges, klares Arabisch seien. Aber auch dort ist es nicht der Fall. Nach meiner bisherigen Überprüfung sind auch dort viele Passagen Aramäisch zu verstehen. In der islamischen Tradition wird immer wieder betont, dass die zuletzt geoffenbarten Suren ausschlaggebend für die Interpretation seien. Und daher auch die Bedeutung, die man den medinischen Suren bis heute einräumt.
Insbesondere die medinischen Suren sind ja politischen Inhalts, muten teilweise sogar militant an. Eine Neuinterpretation könnte dazu führen, dass dem Fundamentalismus diese Art der ideologischen

Auslegung entzogen wird. Dazu ein Beispiel. In den medinischen Suren ist z.B. vom Töten die Rede, „Tötet die Ungläubigen" heißt es dort. Doch dieses Wort „töten" ist Aramäisch nicht so wortwörtlich zu verstehen, denn es bedeutet auch „bekämpfen".
In der zweiten Sure *al baqara*, die Kuh, Vers 190, heißt es: „Und kämpft um Gottes Willen (gegen) diejenigen, die euch bekämpfen. Seid aber nicht aggressiv, denn Gott liebt Aggressoren nicht." Das ist doch die ziemlich eindeutige Aufforderung, dass man als Muslim andere nicht angreifen soll. Nur wenn man selbst angegriffen wird, soll man sich verteidigen. Es ist also keine Aufforderung, Ungläubige ohne Unterschied zu töten.
Dennoch bleibt die Aussage, zieht man den ganzen Koran heran, widersprüchlich. Es heißt zwar auch in den mekkanischen Suren, man solle niemanden töten. Dort heißt es aber auch: „nicht ohne Grund." Nun kann man dieses „ohne Grund" auf allerlei Weise interpretieren. Aber auch in den medinischen Suren, in denen es heißt, „bringt sie um", kann man dieses *„uqtul"* auch als bekämpfen verstehen.
Denn bis heute heißt *qatal* im arabischen Sprachgebrauch nicht unbedingt umbringen, sondern auch schlagen. Ein Kind kann zum Beispiel zu seinem Vater sagen: „Ein Schulkamerad hat mich, auf Arabisch, getötet." Er meint jedoch nicht, wie das deutsche Verständnis nahe legt, umgebracht, sondern einfach, dass der Schulkamerad ihn geschlagen hat.
In diesem Sinne ist auch die Antwort des Vaters zu verstehen, der vielleicht sagt: „ Dann schlag ihn doch zurück." Dies heißt natürlich nicht, dass er ihn auch umbringen soll, „qtul". Denn im heutigen arabischen Sprachgebrauch heißt „qatala" nicht unbedingt töten, sondern meist sogar nur bekämpfen, schlagen.

Analysieren wir die Argumentationsfigur der islamischen Tradition, dass die letzten Suren bedeutsamer als die früheren seien, noch etwas intensiver. Sie spielt in der islamisch-politischen Ideologiebildung der Gegenwart eine herausragende Rolle. Der Beleg für diese Argumentationsfigur findet sich im Koran selbst, und zwar in der Sure „al baqara", die Kuh.
In der islamischen Theologie hat dieser Vers tatsächlich eine erheb-

liche Bedeutung. Denn man erklärt damit Aussagen früher geoffenbarter Suren, z.B. dass man nicht töten darf, für nicht maßgebend. Gott hat, so behauptet man, bestimmte Verse wieder aufgehoben und durch andere ersetzt. Denn in der Sure „al baqara" steckt angeblich genau diese Aussage drin. Gott also selbst gibt darin eine Rechtfertigung für diese Konsequenz. Die tatsächlich widersprüchlichen Aussagen im Koran werden mit diesem Vers gerechtfertigt. Wenn man also gegen etwas mit einem früheren Koranvers argumentiert, bekommt man zu hören, dass der Frühere nicht gelte. Es stehe zwar noch im Koran, aber Gott selbst habe ihn ja aufgehoben.
In der Praxis berufen sich Theologen und Politiker aber ohnehin lieber auf die medinischen Suren. Nehmen wir ein Beispiel. In den mekkanischen Suren steht, dass man das Böse mit Gutem vergelten solle. Dann würde man sehen, dass der schlimmste Feind zu einem besten Freund wird. Dagegen steht in den medinischen Suren: „Wenn sie euch angreifen, dann schlagt zurück, bringt sie um, denn das haben sie verdient". Das sind zunächst einmal gegensätzliche Aussagen.
Die Fundamentalisten berufen sich auf letztere Aussage. In ihrer Lesart heben ja, wie wir gesehen haben, die letzten Aussagen die ersteren auf. Und sie berufen sich dabei auf Theologen, die dies scheinbar belegt haben, indem sie sich auf die Stellen im Koran berufen, in denen das Wort *nasacha* gebraucht wird, was sie als „aufheben" lesen. Tatsächlich heißt das Wort jedoch „schreiben lassen, aufschreiben".
Gott sagt also in der Baqara-Sure: „Was wir aufschreiben lassen" und nicht „was wir aufheben", „was wir vergessen machen", „dann bringen wir ähnliche Aussagen, Verse oder noch bessere". Sie wollen daraus lesen, dass die Letzteren die besseren seien, das heißt, dass für sie die Aufforderung zum Mord zählt, wie es in den medinischen Suren formuliert ist. Ergänzt wird dieses Dogma durch eine mekkanische Sure, in der es heißt, dass das Wort Gottes unveränderlich sei. Was wiederum nicht stimmen kann, weil Gott ja selbst gesagt hat, dass er einen Vers verändern, ja sogar durch einen besseren ersetzen kann, womit wir wieder am Ausgangspunkt der Argumentation sind. Denn Gott vermag naturgemäß alles.

Indem islamische Fundamentalisten sich jedoch einer solchen Argumentation bedienen, können sie natürlich jede politische Handlung und jeden terroristischen Anschlag mit Hilfe des Koran entschuldigen und erklären. Denn Gott vermag alles. Er kann also auch mal etwas Anderes meinen. Akzeptiert man dies, ist der Willkür Tür und Tor geöffnet. Deshalb ist es wichtig, wissenschaftlich zu belegen, dass *nasacha* „aufschreiben" und nicht „aufheben" bedeutet.

Weihnachten im Koran

Ein Beitrag von Christoph Luxenberg[*]

Von dem sprachhistorisch nachgewiesenen syro-aramäischen Hintergrund der Koranprache ausgehend, kann man auch inhaltlich auf einen ursprünglich christlich-syrischen Grundstock des Koran schließen. Dies um so mehr, als das Wort „*Koran*" selbst nichts anderes ist als die arabisierte Aussprache des syro-aramäischen liturgischen Buches „*Qeryan*", dem in der römischen Liturgie das *Lektionar* (*Lectionarium*) entspricht, aus dem die Lesungen im christlichen Gottesdienst vorgetragen werden. So ist es erklärlich, wenn der Koran Jesus (*'Isa*) 25 mal erwähnt und ihn elfmal als den *Messias* (*al-Masih*) bezeichnet.

Vor diesem Hintergrund nimmt es nicht mehr wunder, wenn weitere christlich-syrische Texte zu diesem Grundstock des Koran gehören. Bereits in der ersten Studie (Luxenberg 2000, 2004) wurde auf Christi Geburt in Sure 19 (*Surat Maryam*/ *Marien-Sure*) kurz eingegangen. Dort wurde klargestellt, dass der gegen Maria erhobene Vorwurf der unehelichen (*illegitimen*) Schwangerschaft Maria dazu veranlasst hatte, den Tod für sich herbeizusehnen, ehe sie niederkommen sollte. Die tröstenden Worte ihres Sohnes folgen in Vers 24. Dieser war bisher so missverstanden worden:

„Da rief er ihr _von unter ihr her_ zu: Sei nicht traurig, dein Herr hat _unter dir_ ein _Bächlein_ gemacht!"

Dabei ist dieser Vers syro-aramäisch so zu verstehen:

„Da rief er ihr _sogleich nach ihrer Niederkunft_ zu: Sei nicht traurig, dein Herr hat _deine Niederkunft legitim_ gemacht!" (a.a.O., Kap. 12).

Spricht nun der Koran von Christi Geburt, so stellt sich die Frage, ob er nicht sonstige Texte enthält, die auf eine Weihnachtsliturgie

---

[*] Im Folgenden soll ein Beispiel für die Vorgehensweise von Christoph Luxenberg vorgeführt werden. Die Argumentation ist leicht gekürzt.

hindeuten. Einen solchen Text glaubt der Autor in Sure 97 verschlüsselt zu sehen. Diese Sure ist (nach der Übersetzung von Rudi Paret, Stuttgart ²1982) bisher so verstanden worden (die neu zu deutenden Worte sind unterstrichen):

„al-Qadr" / „Die Bestimmung"
1: Wir haben ihn (d.h. den Koran) in der Nacht der Bestimmung hinabgesandt.
2: Aber wie kannst du wissen, was die Nacht der Bestimmung ist?
3: Die Nacht der Bestimmung ist besser als tausend Monate.
4: Die Engel und der Geist kommen in ihr mit der Erlaubnis ihres Herrn hinab, lauter Logos(wesen) (*min kulli amrin*).
5: Sie ist (voller) Heil (und Segen), bis die Morgenröte sichtbar wird.

In dieser kurzen Sure sieht die islamische Tradition eine Andeutung der Herabkunft des Koran. Daher werden in dieser Nacht (*Laylat al-qadr/ Nacht der Bestimmung* genannt) gegen Ende des Fastenmonats Ramadan Vigilien gehalten. Dies ist religionshistorisch deswegen von Bedeutung, weil der Islam sonst (bis auf die *Tarawih* im Monat Ramadan) keine Nachtliturgie kennt.

Dies weist demnach auf die Übernahme eines früheren christlichen Brauches hin, der ursprünglich auf Christi Geburt bezogen war, im späteren Islam aber auf die Herabkunft des Koran umgedeutet wurde. Wie schwer sich jedoch die islamische Tradition tut, diese Umdeutung zu begründen, geht aus dem großen Korankommentar von at-Tabari (9./10. Jahrhundert) hervor. Die dort aufgeführten Traditionsaussagen lassen sich wie folgt zusammenfassen:

Der Koran ist in dieser Nacht auf einmal in den unteren Himmeln herabgekommen. Je nach *Bestimmung* sandte Gott etwas davon auf die Erde herab, bis der Koran vollendet wurde. Zwischen Anfang und Ende der Koranoffenbarung bestanden zwanzig Jahre. Der Anfang des Koran ist erst in dieser Nacht herabgekommen.

Diese unschlüssige Erklärung der Korankommentatoren lässt sich aber klären, wenn der Text dieser Sure mit Hilfe des Syro-Aramäischen entschlüsselt wird. Drei bisher richtig verstandene Begriffe haben wohl Richard Bell (*The Qur'an, translated*, Edinburgh 1939) in der Einleitung zu dieser Sure dazu veranlasst, darin eine Andeutung der *Weihnachtsmette* zu vermuten, das sind: a) die *Nacht*, b) die *Engel*, c) der *Friede* (wohl im Anschluss an Bell erkennt Paret bei „*amr*" zwar richtig eine Entlehnung aus dem Aramäischen, sieht darin aber „*Logoswesen*"). Doch der einleitende Schlüsselbegriff „*Bestimmung*" bzw. „*Los, Schicksal*" ist bisher ungeklärt geblieben. Bei at-Tabari heißt es lakonisch, Gott bestimme in dieser Nacht, was im betreffenden Jahr geschehen soll. Das *Tertium comparationis* aber, auf das sich dieses Schicksal in Wirklichkeit bezieht, ist nur über ein Rückübersetzen ins Syro-Aramäische zu erschließen. Unter dem lexikalisch entsprechenden Begriff „*Helqa*" belegt das syrische Lexikon die Zusammensetzung „*Helqa yaldanaya*" = „Los, Schicksalsbestimmung der Geburt" als Bezeichnung des „Schicksalssterns" in der Bedeutung von „Geburtsstern = Horoskop", den der Thesaurus syriacus mit „*beth yalda*" als: a) „Geburt", b) „Standort des Geburtssterns", c) „Geburtsfest, Weihnachten" definiert.

Somit ist die Verbindung zu Matthäus 2:2 hergestellt: „Wo ist der neugeborene König der Juden? Wir haben nämlich seinen *Stern* im Aufgang gesehen…". So sprachen die Weisen, d.h. die Astrologen, die aus dem Morgenlande kamen, worin wir Babylonien zu sehen haben, das als Wiege der Astrologie gilt. Diese aus dem Orient stammende astrologische Tradition wirkt als tägliches *Horoskop* bis in unsere Tage hinein.

An diese Tradition knüpft auch der Koran mit dem Begriff „*al-Qadr*" (*Schicksalsbestimmung*) an, stellvertretend für „*Geburtsstern*" (eine diesbezügliche Assoziation liegt einem bei at-Tabari auf Ibn 'Abbas zurückgeführten *Hadith* zugrunde, wonach der Koran in den unteren Himmel – am *Standort der Sterne* – herabgekommen sei). So entschlüsselt, ergibt Sure 97, arabisch und syroaramäisch verstanden, nunmehr folgenden Sinn:

Die Schicksalsbestimmung (des Geburtssterns):
Vers 1: Wir haben ihn (= den *Jesusknaben*) in der Nacht der *Schicksalsbestimmung* (des *Geburtssterns*: der Sternkonstellation, unter der die Geburt stattfindet und die das Geschick des Neugeborenen bestimmt – hier als *Geburtsstern* = *Weihnachtsstern* zu verstehen) herabkommen lassen (arabisch „*anzala*", herabkommen

lassen, ist mit dem in Vers 24 der Mariensure wiederholt vorkommenden syro-aramäischen Verbalsubstantiv „*Nuhhat*", eigentlich „*Herabkommenlassen*" = „*Herabkunft, Niederkunft*", in Verbindung zu bringen).

Mit der nachfolgenden Frage von Vers 2: „Was weißt du, was die Nacht der *Schicksalsbestimmung* ist?" will der Koran die besondere Bedeutung dieser Nacht als *Christmette* hervorheben. Denn in der syrischen Liturgie bezeichnet der Begriff „*lelya*" (*Nacht*) als Abkürzung von „*Slotha d-lelya*" (*Nachtgebet*) einen kirchlichen Terminus, dem die „*Nokturn*" in der römischen Liturgie entspricht. Mit „*Nacht*" ist demnach nicht einfach das *Naturphänomen*, sondern der christlich-syrische liturgische Terminus gemeint.

Die besondere Bedeutung dieses liturgischen Nachtgebets stellt auch der Koran nicht über die von tausend „*Monaten*" (wie man dieses Wort bisher *arabisch* missverstanden hat), sondern über die Bedeutung von tausend „*Vigilien*". Mit „*Shahr*" ist nämlich hier nicht arabisch „*Monat*", sondern syro-aramäisch „*Shahra*" (= arabisch „*Sahar*") gemeint, womit ein weiterer Terminus technicus der christlich-syrischen Liturgie, nämlich „*Vigilie*" (*Nachtwache vor hohen Feiertagen*) gemeint ist. Somit stimmt auch die innere Logik des Vergleichs zwischen „*Nokturn*" und „*Vigilie*", die hier als Synonyme zu fassen sind, während der Vergleich von „*Nacht*" mit „*Monat*" die begriffliche Kohärenz missen lässt.

So lautet Vers 3: „Die Nacht (= die *Vigil*) der *Schicksalsbestimmung* (des Weihnachtssterns = der Geburt) ist vorzüglicher (gnadenreicher) als tausend Vigilien". Vers 4: (Anstelle der heutigen Koranlesung *tanazzalu* ist *tunazzilu* zu lesen): „Darin bringen (*tunazzilu*) die Engel, *wobei* der Geist in/ unter ihnen (ist) (= vom Geiste *begleitet* – vgl. dazu Sure 16:2), mit Erlaubnis ihres Herrn allerlei *Hymnen* (das aus dem Aramäischen entlehnte arabische „*amr*" ist hier als substantivierter Infinitiv dem entsprechenden syro-aramäischen Infinitiv „*memra*" = *Hymne* gleichzusetzen) herab."

Das Hauptthema dieser Hymnen folgt in Vers 5: „*Friede* ist sie (diese Nacht = *Vigilie*) bis zum Anbruch der Morgendämmerung." Damit wird auf Lukas 2:14 angespielt: „Ehre sei Gott in den Höhen und *Friede* auf Erden…" Dieser Gesang der Engel bildet auch seit je das Leitmotiv der syrischen Weihnachtsvigilien, die sich mit „*allerlei Hymnen*" wesentlich länger als sonstige Vigilien hinstrecken.

Zugleich wird mit der Morgendämmerung auf den christlich-syrischen Brauch hingewiesen, wonach die Eucharistiefeier (die Christmesse) im Anschluss an die (besonders langen) Vigilien erst am frühen Morgen stattfand (und vielfach noch stattfindet). Daher lautet das Hauptthema der Weihnachtsvigilien: „*Friede* (auf Erden) bis zum frühen Morgen".

Dass diese Sure auf einen christlich-syrischen bzw. christlich-arabischen Brauch zurückgeht, wird auch durch das enzyklopädische Lexikon der arabischen Sprache (*Lisan al-'arab / Sprache der Araber*, 13. Jahrhundert, berücksichtigt wird die arabische Lexikographie ab dem 9. Jahrhundert) belegt. Dort wird nämlich zu dem Stichwort „*at-Timam*" bzw. „*at-Tamam*" (d.i. die *Vollendung* der längsten Winternacht) die Erklärung des berühmten, aus *Basra* (Südmesopotamien) stammenden arabischen Philologen *al-Asma'i* (ca.740–828) wiedergegeben. Sie lautet folgendermaßen:

„*at-Timam* bezeichnet die längste Nacht des Winters. Diese Nacht ist so lang, dass alle Sterne darin zu sehen sind. Sie ist auch die Nacht der Geburt Jesu – über unseren Propheten und über ihn Segen und Heil – und die Christen halten sie in hohen Ehren und *wachen* darin (d.h.: halten darin *Vigilie*)."

Diese arabische Überlieferung ist von eminenter Bedeutung für das Verständnis der besprochenen Sure. Sie gehörte eigentlich in den Korankommentar von *at-Tabari*, der davon nichts gehört zu haben scheint. Sie erklärt auch weitgehend den heutigen islamischen Brauch, wonach in der Nacht von „*al-Qadr*" Vigilien gehalten werden, wobei die heutigen Muslime nicht mehr wissen, dass sie mit diesen Vigilien eigentlich *Weihnachten* feiern. Dass dies vor dem Aufkommen des späteren Islam höchst wahrscheinlich der Fall war, belegt ein anderes vom *Lisan al-'arab* zu dem gleichen Stichwort zitiertes *Hadith* der *'Aisha* (der jüngsten Frau des Propheten). Dieses hat folgenden Wortlaut:

„Der Gesandte Gottes – Gott segne ihn und schenke ihm Heil –

pflegte die *Timam*-Nacht wachend zu verbringen; dabei rezitierte er die Suren *al-Baqara* (die *Kuh*) und *Al 'Imran* (die *Sippe Imran*) sowie die Sure *an-Nisa'* (die *Frauen*), wobei er von keinem Vers zum anderen überging, ohne zuvor Gott angerufen zu haben."

Dazu ist zu bemerken: Die in der heute gängigen Reihenfolge zitierten Suren sind späteres Beiwerk, denn: a) nach islamischer Tradition war der Koran zu den Lebzeiten des Propheten noch nicht schriftlich fixiert; b) die heutige Reihenfolge der Suren geht nach der gleichen Tradition frühestens auf die Zeit des 3. Kalifen *Osman* (reg. 644–656) zurück; nach dem bisher überlieferten handschriftlichen Material ist sie aber eher auf die erste Hälfte des 8. Jahrhunderts zu verlegen; c) die aus dem jeweiligen Kontext ermittelten *Surennamen* wie auch die Einteilung in einzelne *Verse* sind noch später eingeführt worden.

Übrig bleibt wohl als Kern historischer Wahrheit die Feststellung, dass der Prophet in dieser *Timam*-Nacht *Vigilien* gehalten hat. Diese *Timam*-Nacht dürfen wir nach ihrer arabischen Definition mit „*Laylat al-qadr*" (*Nacht der Schicksalsbestimmung = Weihnachten*) gleichsetzen. Der Prophet hätte somit die vor dem Islam unter den christlichen Syrern (bzw. Arabern) fest etablierte *Weihnachtsvigilie* eingehalten.

Die Sure „*al-Qadr*" als Andeutung einer vorislamischen christlichen *Weihnachtliturgie* ist somit von unschätzbarer religionshistorischer Bedeutung. Dieses auf einen vorislamischen christlichen Brauch hinweisende *Hadith* deckt sich mit einem anderen von *Ibn Hisham* in der *Sira*, der Biographie des Propheten, überlieferten Bericht. Danach pflegte der Prophet vor seiner Sendung jährlich einen Monat lang nachts in der Höhle von *Hira'* bei Mekka im sog. „*tahannuth*" zu verbringen.

Dieses Wort, das *Ibn Hisham* mutmaßend als dialektale Variante zu „*tahannuf*" fasst und darin die fromme Übung eines *Hanifen* sieht (in Anlehnung an Abraham den *Hanifen*, den *Heiden*, der als solcher dennoch kein *Götzendiener* war – s. a.a.O., Kap. 7.), ist in Wirklichkeit eine arabisierte Form von syro-aramäisch „*tahnantha*" (*Bittgebet*), ein Terminus der christlich-syrischen Liturgie.

War dieses „*tahannuth*" bei den *Quraysh*, der Sippe des Propheten in Mekka, eine religiöse Gepflogenheit vor dem Islam, wie *Ibn Hisham* berichtet, so deutet dies darauf hin, dass der Prophet vor seiner Sendung in einer christlich-syrischen Tradition aufgewachsen ist. Diese Überlieferung von Ibn Hisham verleiht dem christlichen Verständnis der Sure „*al-Qadr*" mehr Plausibilität.

Die politisch-historisch bedingte Entfremdung zwischen Islam und Christentum wie auch die wechselseitige Polemik haben jedoch dazu geführt, dass die spätere islamische Exegese diese Sure und die damit verbundene Nachtliturgie wie folgt uminterpretiert hat: Nicht in *Christus* hat das *Wort Gottes* Gestalt angenommen, sondern im *Koran*. Mit anderen Worten: dem christlich-theologischen Begriff der Menschwerdung des *Logos* (*al-Kalima*) in Christus setzte die islamische Theologie das *Wort Gottes* im Koran entgegen: Nicht in *Christus* – im *Koran* hat *Gottes Wort* (*Kalimatu l-lah*) Gestalt angenommen. Folglich: nicht das *Jesuskind* ist in dieser Nacht geboren – der *Koran* ist in dieser Nacht herabgekommen.

Nach der dargelegten philologischen Erörterung ergibt Sure 97 zusammenfassend folgendes Verständnis:

Die Schicksalsbestimmung (des Geburtssterns)
1. Wir haben ihn (= *Jesus*) in der Nacht der Schicksalsbestimmung (des Geburtssterns) herabkommen lassen.
2. Was weißt du, was die Nacht der *Schicksalsbestimmung* ist?
3. Die Nacht (= die Nokturn) der Schicksalsbestimmung ist gnadenreicher als tausend *Vigilien*.
4. Die Engel, vom Geiste (*begleitet*), bringen darin mit Erlaubnis ihres Herrn allerlei *Hymnen* herab.
5. *Friede* ist sie bis zum Anbruch der Morgendämmerung.

Sure 97 kann als Einleitung zu einer Weihnachtsliturgie der christlichen Araber gedient haben. Die darin an einen früheren christlich-syrischen bzw. christlich-arabischen Brauch anknüpfende Tradition der Muslime ist ein bedeutungsvoller Ansatzpunkt für das Verständnis des Ursprungs des Islam. Sprach- und religionshistorisch richtig verstanden, macht diese Sure die gemeinsamen Wurzeln und die ursprüngliche Nähe von Christentum und Islam deutlich.

Antikes Lernen
Die orale Rezeption des Koran
Ein Gespräch mit Manfred Kropp

Christoph Burgmer: Herr Kropp, die „Syro-Aramäische Lesart des Koran" ist der Versuch, die nicht deutbaren Stellen des Koran zu ermitteln. Herr Luxenberg geht von einer aramäischen Vorlage, zumindest aber von einem aramäischen Sprachhintergrund im Korantext aus. Wie beurteilen sie die Arbeit von Christoph Luxenberg?

Manfred Kropp: Luxenberg führt den Leser in Bezug auf die unklaren, unsicheren oder schwer in den Gesamtzusammenhang des Koran einzupassenden Stellen zu überraschenden und in sich zunächst einmal schlüssigen Lesarten, Deutungen, Auslegungen.

Diese neue Lesart des Korantextes ist geprägt von einer kritischen Position gegenüber dem Schriftarabischen. Einer Position, die nicht unberechtigt ist und sich auch aus dem Studium der gesprochenen arabischen Sprachen und ihrer ältesten Bezeugungen heraus belegen lässt.

Wenn sich aber sein Verdacht, dass manches in der Koranprache Konstruktion ist, erhärten oder belegen lässt, ist die Sprachgeschichte des Arabischen um wichtige Akzente verschoben. Und man muss unter Umständen etablierte Regeln der klassischen arabischen Grammatik als ad hoc auf einen Text erfunden und angewandt ansehen. Sie hatten niemals eine sprachhistorische Wirklichkeit.

Nun ist der Koran ein heiliger Text, bei dem wissenschaftliche Herleitungen für die Gläubigen wenig relevant sind. Dennoch stellt sich die Frage, ob die Dekonstruktion eines heiligen Textes in der derzeitigen weltpolitischen Auseinandersetzung mit dem islamisch begründeten Terrorismus nicht gefährlich ist?

Man kann in den wissenschaftlichen Argumentationen, die sich dann daraus ergebenden, im übertragenen Sinne „Bomben" oder „Minen", nicht bewusst ausblenden. Sie gehören zum Gesamtbild.

Dennoch wird man diese Gefahr berücksichtigen müssen, gerade wenn man im Nahen Osten arbeitet. Denn niemand will verletzen, noch will man jemanden bekämpfen oder Propaganda machen.

Dabei ist es sicherlich schwierig, sich mit dem Koran zu befassen, denn man muss zeigen, dass die wissenschaftliche Beschäftigung auch mit Zeugnissen des Glaubens bis in die letzte Konsequenz möglich ist, ohne dass der Glauben beschädigt wird. Aber dies ist, im Gegensatz zu vielen Vorurteilen im Westen, im islamischen Raum möglich. Auch dort kann das Individuum die Spannung zwischen Glaubensbotschaft und Glaubenswahrheit und wissenschaftlichen Ergebnissen nicht nur aushalten, sondern sie fruchtbar gestalten.

In Zukunft sollte dies die Konfrontation und Ablehnung der Ergebnisse wissenschaftlicher Arbeit verhindern und zu einem fruchtbaren, wenn auch spannungsgeladenen Austausch zwischen religiösen Positionen, politischen Positionen und eindeutigen Ergebnissen der Wissenschaft führen.

Natürlich kommt man in Diskussionen über einen heiligen Text mit Gläubigen rascher zu einer sehr kontroversen und sehr gefühlsgeladenen Diskussion. Fraglich bleibt allerdings, ob größere Religiosität intellektuelle Einsichten verhindern kann.

Europa benötigte zur Klärung dieser Frage 300 Jahre. Es ist aber nicht abzusehen, wie lange andere Kultur- oder Religionsgemeinschaften für ähnliche Entwicklungen brauchen. Denn Europa ist weder ein Zeitmaßstab, noch in der Entwicklung selbst ein Richtungsmaßstab. Es kann sehr verblüffend und sehr interessant sein, was sich aus ähnlichen Anstößen heraus im islamischen Raum entwickeln wird.

Es ist seit den Ereignissen des 11. Septembers in Mode gekommen, den Islam als zurückgeblieben gegenüber einem sich in Selbstsicht als „aufgeklärt" und „säkular" sehenden Westen wahrzunehmen. Leistet eine in Europa von westlichen Wissenschaftlern betriebene kritische Koranforschung einem solchen Stammtischargument nicht Vorschub?

Den Anspruch eines Aufklärers will ich nicht stellen. Ich bin Historiker, einer, der sich zufällig mit der arabischen Sprachgeschichte und dem Koran befasst. Ich bin auch kein wissenschaftlicher Propagandist. Was ich suche, ist der wissenschaftliche Austausch mit Kollegen, die gleiche Forschungsinteressen haben. Wie weit ich meine Ergebnisse aus dem Zirkel des wissenschaftlichen Austausches in eine breitere Öffentlichkeit trage, richtet sich nach Kriterien und Maßgaben der Gesellschaft und des Staates, in dem ich gerade lebe und wirke.

In Wirklichkeit sind unsere Forschungsergebnisse für Politiker jedoch nicht so interessant, dass man sie uns aus der Hand reißt. Und ich kann mir nicht vorstellen, wie man sie politisch verwenden könnte. Es sei denn als Gegenbild, indem man daraus einen Korankritiker aufbaut, den man angreifen will.

Allerdings könnte man sich durchaus ein politisches Programm vorstellen, das konstruktiv mit Luxenbergs neuen Ergebnissen umgeht. Aber dazu müssen erst das politische Ziel und der Wille da sein. Das ergibt sich nicht aus der wissenschaftlichen Beschäftigung heraus.

Nun lässt sich die Brisanz der Forschungsergebnisse nicht ganz von der Hand weisen. Der Name Christoph Luxenberg ist ein Pseudonym.

Im 18. Jahrhundert wurden bibelkritische Werke auch gerne unter einem Pseudonym veröffentlicht. Neue wissenschaftliche Richtungen, die stark mit Traditionen und Hergebrachtem brechen, nicht nur auf wissenschaftlichem Gebiet, und deren Ergebnisse auch soziale Praxis, Glaubenspraxis berühren und zu verletzen scheinen, müssen solche Möglichkeiten des Verbergens in Anspruch nehmen können.

Und Luxenberg ist ein solcher Pionier, der sehr diskussionswürdige, in vielem zu hinterfragende Hypothesen konsequent anwendet. Er hat etwas angestoßen, das in vielem der Koranforschung, wenn man sie als Textforschung versteht, entscheidende neue Anstöße vermitteln wird. Im islamischen Kontext, wie im christlichen zuvor auch, wird sich eine textkritische Forschung entwickeln, die zumindest intellektuell im Widerspruch zu den verkündeten Glaubenswahrheiten und Glaubenslehren des Islam steht.

Luxenbergs Arbeit wird dazu die wissenschaftliche, kritische Auseinandersetzung mit dem Korantext beschleunigen. Allerdings müssen sich Glaube und Forschung nicht als Feinde betrachten und gegenseitig ausschließen.

In der islamistischen Lesart des Koran ist der Zweifel an Gottes Wort ein schlimmes Verbrechen. Diese Einschätzung gilt in gewissem Maße auch für viele traditionsorientierte muslimische Wissenschaftler und in vielen islamisch geprägten Gesellschaften ist das, aus den verschiedensten Gründen, eine extrem populäre und die Massen mobilisierende Meinung.

Das ist eine Glaubens- und Gewissensfrage. Als Wissenschaftler darf ich die Hypothese setzen und vertreten, dass Gott sich nicht materiell in dieser Welt dokumentieren und realisieren kann. Also gibt es für mich als wissenschaftlichen Untersuchungsgegenstand zunächst einmal nicht Gottes Wort, sondern nur Worte, Sprache und Texte.

Natürlich wird man auf keinen Fall bestreiten können, dass etwa ab dem dritten Jahrhundert islamischer Zeitrechnung der Korantext im Wesentlichen so gelesen wurde, wie wir ihn heute lesen. Es ist auch unstrittig, dass der Text in der Exegese, in der religiösen Praxis und in der arabischen Sprachwissenschaft wirksam wurde. Die Produkte der arabischen Nationallexikographie, der arabischen Grammatik, wie auch Korankritik und Korankommentar liegen vor.

Aber das Forschungsinteresse richtet sich mehr auf die formative Phase des Textes. Eine zentrale Frage ist dabei, ob der Text, so wie er gelesen wird, auf eine authentische mündliche Überlieferung zurückzuführen ist. Ist also eine ununterbrochene authentische mündliche Überlieferung dieses Textes anzunehmen oder, was sogar Korankommentare muslimischer Wissenschaftler suggerieren, standen die Personen, die diesen kanonischen Text bis in die Vokalisierung festlegten, mit genau den gleichen Rätseln im Kopf vor einem Konsonantengerüst und mussten den Text erst erschaffen.

Die Beweislage dazu ist allerdings noch etwas unübersichtlich. Zunächst einmal wäre eine Sammlung und Sicherung des materiellen Befundes notwendig, in der frühe Koranfragmente und Handschriften in einer kritischen Ausgabe vereinigt wären. Dann müsste der Versuch gemacht werden, einen wie immer gearteten Urtext zu eruieren, wobei natürlich die Ergebnisse der klassischen Philologie und der Romanistik mit ihren angebrachten Zweifeln über Urtexte berücksichtigt werden müssten. In einem zweiten Forschungsansatz müsste die mündliche Überlieferung hinterfragt werden.

Wie kann man sich vorstellen, dass die mündliche Überlieferung in der Zeit des Propheten Mohammeds im 7. Jahrhundert praktiziert wurde?

Stellen Sie sich eine Stadt vor, in der eine Gemeinde entsteht, die eine neue religiöse Botschaft hat, mit einem Medium, einer Quelle dieser Botschaft, der man intensiv und mit in der Regel aus der Kultur und aus der Geschichte heraus scharfem Gedächtnis zuhört. Diese Urgruppe des Islam wird über lange Zeit hinaus die koranischen Offenbarungen memoriert haben, unter Umständen sogar schon schriftgestützt. Wobei wir dieses Schriftsystem nicht genau kennen, aber wissen, dass es sehr defektiv war.

Und es ist diese Gruppe, die ihr Wissen um die koranischen Texte mit Hilfe eines *aide memoire* weitergibt. Und wenn man der islamischen Tradition folgt, ist das eine ununterbrochene Überliefererkette bis in unser 21. Jahrhundert. Doch genau hier beginnen die Fragen. Denn diese Gruppe ist nicht homogen. Sie wird vor allem im Laufe der islamischen Eroberungen stark zerstreut. An verschiedenen Stellen des islamischen Reiches leben immer weniger, die eine authentische Überlieferung bewahrt haben, bewahrt haben können. Und auf einmal steht man nachweisbar mit einem zwar relativ konstanten materiellen Korantext da, der aber aufgrund des Schriftsystems so vieldeutig und unklar ist, dass man zum Verständnis ergänzend einen mündlichen Kommentar braucht. Und plötzlich findet man auch diesen ab einem bestimmten Zeitpunkt nicht mehr. Das ist der Moment, an dem sich ein Bedürfnis nach einem klaren, sprachlich korrekten und verständlich erklärten Text breit macht.

Und als dieses Bedürfnis artikuliert wird, sind Philologen und Traditionsgelehrte derart überfordert, dass sie mit allen Mitteln, die in ihrer Epoche zur Verfügung stehen, versuchen, einen verständlichen Text zusammenzubringen. Doch die Überlieferungen wie die altarabische Dichtung und andere Formen historischer Überlieferungen sind zweifelhaft.

In den späteren Zusammenstellungen müssten sich sonst sehr klare und präzise Angaben über die unklaren Stellen im Koran finden. Aber genau das Gegenteil ist der Fall. Für unklare Stellen im Koran gibt es zum Teil bis zu mehr als dreißig deutlich merklich ad hoc und aus sehr unzusammenhängenden und unlogischen Argumenten zusammengebaute Erklärungen.

Gehen wir historisch noch einmal in die Zeit des Propheten Mohammed zurück. Nach der Überlieferung soll er die Offenbarungen in reinstem Arabisch erhalten haben. War das Arabische in seiner Schriftform zu dieser Zeit in Mekka bekannt und wurde es im Alltag verwendet?
Nein, denn die Texte kannte niemand vorher. Die Elemente als solche aber müssen vorhanden gewesen sein. Denn der Anspruch an den Koran war, dass er für jemanden, der arabisch spricht, absolut klar und verständlich sein musste. Die Texte sind also zwar unbekannt, großartig, neu und nicht mehr zu wiederholen, göttlich, aber die sprachlichen Elemente in ihrer Verfügbarkeit und Verständlichkeit sind schon da.

Dennoch gibt selbst die Tradition zu, dass es einen Restbestand an wirklich unklaren Passagen im Koran gibt, die man nur glaubend hinnehmen kann. Für den Gläubigen ist das bestimmt eine Lösung, für einen Sprachwissenschaftler jedoch nicht.

Mohammed selbst konnte, der Tradition nach, weder lesen noch schreiben. Wie kann man sich vorstellen, dass die mündlichen Offenbarungen verschriftlicht wurden?
Man wird davon ausgehen müssen, dass relativ früh zumindest Teile, Textfragmente schriftlich fixiert wurden. Diese müssen, egal ob man der islamischen Tradition folgen will, dass der dritte rechtgeleitete Kalif sie gesammelt hat oder nicht, irgendwann zu einer als vollständig geltenden Sammlung der Korantexte geführt haben.
Wir wissen, dass es mehrere solcher als vollständig und richtig erkannter Sammlungen gab. Dieser Text wurde relativ stabil über die Jahrhunderte hinweg schriftlich tradiert. Natürlich wird jede Koranhandschrift ihre individuellen Fehler haben, aber diese sind in der Regel von ihrer Zahl her überschaubar und bekannt. Worauf es an-

kommt ist, wie man die vieldeutigen Konsonantenzeichen lesen will und wie, wenn man ein Konsonantengerüst festgelegt hat, man dieses vokalisieren will.

Wir befinden uns aus wissenschaftlicher Perspektive in der paradoxen Situation, dass wir uns mit einem Text befassen, der im wissenschaftlichen Sinne nicht gesichert ist. In Bezug auf die Bibel hat das die Bibelkritik in hunderten von Jahren geleistet. Es existieren kritische Ausgaben der Evangelien und des Alten Testaments, die essentiell für jede wissenschaftliche Beschäftigung mit diesem Gegenstand sind.

In der Islamwissenschaft ist es dagegen so, dass man ständig mit einem Text arbeitet, ihn zu erklären, zu verstehen versucht, ohne dass eine gesicherte Textgrundlage existiert. Es sei denn, man glaubt, dass die kanonische Grundlage der islamischen Tradition die Richtige ist. Aber das sollte man doch zumindest einmal überprüfen. Es kann sich ja ergeben, dass sie die Richtige ist, aber ohne Überprüfung darf ein Wissenschaftler sie nicht einfach so hinnehmen.

Selbst in der islamischen Tradition ist die Beschäftigung mit dem Koran vorgegeben. Der Islam selber hatte mit dem religiösen Dogma des direkt geoffenbarten Wort Gottes sein kulturelles Gründungserlebnis.

Auch wenn die Beschäftigung mit Sprachgeschichte und sprachlichen Dokumenten und Zeugnissen eine Vorliebe deutscher Kulturwissenschaftler ist, würde ich das nicht so furchtbar auf den Koran konzentriert sehen. Denn obwohl es im geistigen Klima des Historismus und der Bibelwissenschaft des 19. Jahrhunderts nahe gelegen hätte, eine kritische Ausgabe des Korantextes zu editieren, erkannte man die überlieferte islamische Tradition einfach so in der vorgegeben Art und Weise an.

Dies ist ein großer Erfolg der islamisch-arabischen Philologie und der islamisch-arabischen Koranwissenschaft. Auch sie ist sicherlich eine Wissenschaft. Vielleicht sind in ihrer Genese die häufigen unwissenschaftlichen Kriterien in Bezug auf den Koran in einem besonderen historischen Kontext entstanden. War jedoch der kompakte kanonische Text einmal gewonnen, konnte man mit ihm wissenschaftlich und differenziert umgehen. Unser Ziel ist es deshalb, vor diesen Prozess zu kommen.

Wie kann es gelingen mündliche Traditionen zu belegen?
Insofern als ich die Dialekte nicht als Verderbnisse einer ehemaligen Standard- oder Schriftsprache nehme. Dies war ursprünglich die Hypothese in Bezug auf die romanischen Sprachen. Latein, wie man es in der standardisierten geschriebenen Form kennt, war für viele Wissenschaftler die Ursprache, aus der sich dann später erst die romanischen Sprachen entwickelt haben. Aber auch diese These hat sich stark differenziert.
Heute geht man von einer Fülle verschiedener Varietäten von Vulgärlatein aus, die Einfluss auf die Entwicklung der romanischen Sprachen hatten. So wird man wohl auch die heutigen arabischen Dialekte als lebendige Entwicklungen verschiedener Varietäten des Altarabischen betrachten müssen. Man könnte epigraphische Zeugnisse, aber auch etwa Zeugnisse des nicht Standardarabischen im Mittelalter, speziell christliches oder jüdisches Arabisch, mit etwa zufällig überlieferter Vulgärpoesie aus der gleichen Zeit zusammenbringen und untersuchen.
Vielleicht ließe sich daraus eine sprachhistorische Entwicklungslinie konstruieren. Dabei müsste man jedoch zunächst das Standardarabisch oder das, was wir als altarabische Dichtung ansehen, ausschließen. Die Ergebnisse einer solchen sprachwissenschaftlichen Forschung könnten für die Koranforschung relevant sein. Es wird sich dann noch mal in ganz anderem Licht die Frage stellen: Wenn es eine mündliche Überlieferung des Korantextes gab, wie sah sie aus?

Da die schriftlichen Zeugnisse aus dieser Zeit relativ spärlich, mündliche Traditionen äußerst schwer zu rekonstruieren sind, die theoretische Grundlage der Forschung selbst noch in den Anfängen steht, ist es nicht äußerst problematisch, schon heute Erkenntnisse aus dieser Frühzeit zu belegen?
Aber natürlich sehr verlockend. Dazu bedient man sich der Fragmente, die eindeutig vor diese Zeit zurückreichen. Wenn man jetzt noch in Zweifel stellt, dass eine authentische mündliche Überlieferung existierte und wenn man mit dem wissenschaftlichen Selbstbewusstsein des 21. Jahrhunderts voraussetzt, mit einem Konsonantengerüst eines semitischen Textes aufgrund unserer Kenntnisse

historisch-kultureller Umfelder und der Vergleiche mit anderen semitischen Sprachen selbstständig eine plausible Deutung dieses Textes auch noch im Abstand von 1.400 Jahren bewerkstelligen zu können und sich damit in Konkurrenz zu den Großen der islamischen Koranwissenschaft in klassischer Zeit zu stellen getraut, ist dies ohne weiteres möglich.

Dabei setzt man voraus, dass in der klassischen Koranwissenschaft durchaus Interessen und Verständnisvorgaben existierten, die wir nicht mehr teilen. Zum Beispiel könnte ein wichtiges Interesse der Zeit gewesen sein, den Abstand zu den anderen konkurrierenden Religionen, Judentum und Christentum, zu markieren. Vielleicht weil man viel mit Christen- und Judentum gemeinsam hatte.

Doch dies ist nur eine wissenschaftliche Hypothese, die man nur dann überprüfen kann, wenn es gelingt, an sich unklare oder unlogische Koranstellen zu klären. Dann hat man zwar immer noch keinen absoluten Beweis, etwas, was in der Philologie und den historischen Wissenschaften sowieso selten ist, aber immerhin doch sehr plausible und sehr schwerwiegende Indizien für ein anderes Verständnis und einen anderen Text des Koran.

Die korrumpierte Tradition?
Zur religiösen Geschichtsbildung
Ein Gespräch mit Gerd-Rüdiger Puin

Christoph Burgmer: Die frühesten kompletten Korane, die sich datieren lassen, stammen erst aus dem dritten islamischen Jahrhundert, das wäre das 9., 10. christliche Jahrhundert. Es gibt jedoch ältere Koranzeugnisse. In welche Zeit reichen diese zurück?

Gerd-Rüdiger Puin: Seit 120 Jahren weiß man, dass es eine älteste Schicht von Koranhandschriften gibt. Dies sind Koranhandschriften mit einer ganz besonders altertümlichen Orthographie. Die ältesten Handschriften des Koran, so wie sie auf Pergament erhalten sind, kann man frühestens auf die Zeit des 7. Jahrhunderts datieren und zwar hauptsächlich aufgrund stilistischer Eigenheiten des Schreibstils. Der Schreibstil ist sehr archaisch, vorkufisch. Die kufische Schrift entspricht in etwa der lateinischen Antiqua und wird in der islamischen Architektur verwendet. Aber dieser kufische Stil setzt sich erst zu Beginn der Herrschaft der Abbassidendynastie durch, also nach 750 unserer Zeitrechnung. Und davor findet man den hedjasischen Stil, dessen Merkmal die sehr große Vieldeutigkeit in den Buchstaben ist.

Aus der Zeit Mohammeds selbst haben wir keine schriftlichen Zeugnisse. Aus der Zeit nach seinem Tod existieren jedoch noch Münz- und Felseninschriften und eine große Inschrift im Felsendom in Jerusalem. Die Wichtigste ist die Abschrift der 112. Sure. Sie findet sich auf einer Münze aus dem Jahr 77 der Hidjra, 696 n. Chr. und stellt den ältesten eindeutig belegbaren Koranfund dar.

Das Alter aller auf Pergament oder eventuell Papyrus vorhandenen, auch älteren koranischen Texte kennt man nicht genau. Sie kann man nur ungefähr nach äußerlichen Kriterien datieren.

Aus der vieldeutigen Koranschrift des Anfangs wurde, wenn man eine Linie bis ins 20. Jahrhundert ziehen will, ein immer eindeutiger zu lesender Text. Lassen sich solche Einflüsse in die Schreibweise des Koran schon in der Frühzeit nachweisen?

Die frühesten Koranhandschriften machen zwischen vielen Buchstaben keinen Unterschied. Schon aus dem ersten Jahrhundert islamischer Zeitrechnung ist überliefert, dass sich der berühmte Statthalter Hadjadsch ibn Jussuf gerühmt hat, in den Korantext zahllose Alifs, also lange A eingefügt zu haben. Das heißt, zur Verdeutlichung hat er an ungefähr 2.000 Stellen ein langes A in den Korantext hineinschreiben lassen. Solche Ergänzungen lassen sich weiter bis ins 19. Jahrhundert hinein verfolgen. Im 19. Jahrhundert haben vor allem Osmanen, aber auch Iraner, Korane mit einer ganz modernen Orthographie im Steindruckverfahren produziert. Sie gleichen orthographisch der heute gültigen arabischen Schulgrammatik. 1924 begann dann ein Unternehmen, das die gesamte islamische Welt bis heute nachhaltig prägte.

In Ägypten wurde ein Komitee der Al Azhar Universität beauftragt, den Koran in Letterndruck herzustellen. Da dies ein Präzedenzfall war, erforderte es sowohl eine ganz besondere Sorgfalt, damit sich kein Druckfehler einschleichen konnte, als auch die Entwicklung einer ei-genständigen Korantypographie. So wurde der dann entstandene „Kairiner Koran" ein Meisterwerk der arabischen Typographie. Bis heute gilt er auch als Standardtext der Wissenschaft.

Aber dieser Text hat eine Besonderheit. Die orthographischen Vorgaben nämlich, nach denen er gedruckt worden ist, entsprechen denen, die vor 1.000 Jahren von dem großen muslimischen Wissenschaftler al Madani für die Koranorthographie niedergelegt worden sind. Diese Vorgaben verlangen aber eine sehr starke Defektivschreibung, das heißt, man darf keine kurzen Vokale und bei den langen Vokalen nur das lange *u* und das lange *i* in der Schrift ausdrücken, während das lange *a* unbezeichnet bleibt, also defektiv geschrieben wird.

Insofern ist der Kairiner Koran vor allem ein gutes Abbild der frühen Koranorthographie und ein wissenschaftlicher Beleg für die konservative Einstellung, die man gegenüber dem Koran einnimmt. Denn die Kommission hielt sich weitgehend an die alten Vorgaben. Die Mängel der defektiven Schrift versuchte man dadurch auszugleichen, dass man ein ausgefeiltes System der Akzentsetzung um diese Schrift herum erfunden hat. Diese Akzente greifen jedoch nicht in den eigentlichen Schriftzug des Koran ein.

Was meinen Sie mit eigentlichem Schriftzug?
Es gibt einen koranischen Schriftzug, der nicht verändert werden soll. Auf Arabisch nennt man ihn „rasm", also „Spur", oder „Haupttext". Um ihn herum findet sich die „Leseanweisung" für den Haupttext. In der hebräischen Schrift gibt es eine parallele Entwicklung. Auch dort findet sich ein Schriftgerippe, bestehend aus einer Konsonantenschrift.
Die Aussprache dieser Schrift wurde im Mittelalter durch entweder darüber oder darunter gesetzte Zeichen, also eine große Anzahl von kleinen Beizeichen, die aber wiederum in diesen Haupttext nicht eingreifen, fixiert. Und genau so hat man es auch im Arabischen gemacht.

Nun ist die Anordnung der Suren im Koran genau festgelegt, der Länge nach, abgesehen von der ersten Sure, der Fatiha. Was hat dazu geführt, dass man sich für eine solche Reihenfolge entschied?
Die Muslime glauben, dass der Koran im Laufe von vielen Jahren stückweise dem Propheten Mohammed geoffenbart wurde. Noch zu seinen Lebzeiten soll der Prophet Anordnungen getroffen haben, wo welche Offenbarung hingehört. Aber es war wohl weder die Absicht des Propheten, ein Buch zwischen zwei Buchdeckeln zu hinterlassen, noch wäre es möglich gewesen.
Denn ihm wurde wechselnd mal zu dem einen Thema, mal zu einem anderen Thema eine Offenbarung zuteil. Es hätte eines modernen Computers bedurft, die Texte genau an die richtige Stelle zu rücken. So gesteht die islamische Überlieferung über die Entstehung des Koran auch zu, dass es eine Weile dauerte, bis der Koran zusammengestellt werden konnte.
Erst der dritte rechtgeleitete Kalif Othman soll den Sekretär des Propheten, Zaid ibn Thabit beauftragt haben, ein Komitee anzuführen, welches Korantexte dahingehend prüfen sollte, ob sie echt seien, um sie anschließend in eine Reihenfolge zu bringen. Aber auch diesbezüglich existieren in der islamischen Überlieferung schon Widersprüchlichkeiten.
Beispielsweise weiß man, dass die erste Sure von vielen Autoritäten gar nicht als Teil der Offenbarung anerkannt wurde. Man begründete dies damit, dass alle Koranteile aus der Rede Gottes an den Men-

schen oder an den Propheten bestünden, in der ersten Sure sich jedoch die Menschen in einem Gebet an Gott wenden.
Zweifel wurden auch hinsichtlich der beiden letzten Suren des Koran geltend gemacht. Sie wurden von Anfang an als magische Suren empfunden. Anfang des achten Jahrhunderts aber, so etwa in den Jahren zwischen 705 und 715 unter dem Kalifen Al Walid aus der Omayyadendynastie, enthielt ein wichtiger Prachtkoran aus Damaskus die drei strittigen Suren. Es scheint so, als wäre die Debatte damals aus politischen Gründen der Staatsraison autoritär von oben herab beendet worden.

Nun gibt es die „Satanischen Verse", bekannt durch den gleichnamigen Roman des britisch-indischen Schriftstellers Salman Rushdie. Sie sind auch Bestandteil der islamischen Überlieferung, gehören jedoch nicht zum Koran. Was hat es damit auf sich?
Es sind die satanischen Verse, durch die Satan den Propheten Mohammed getäuscht hat. Er hat ihm Verse eingegeben, in denen es heißt, dass die Töchter Allahs, wenn man sie anbetet, ein gutes Wort für den Gläubigen bei Allah einlegen würden. Mohammed soll erst am Tag darauf zu seinem Schrecken festgestellt haben, dass das, was er den Gläubigen mitgeteilt habe, dem sonstigen absoluten Monotheismus des Islam diametral widerspreche und er soll sich dafür entschuldigt haben.
Danach wurde eine weitere Sicherung für die Koranrezitation geschaffen. Der Prophet bestand darauf, dass wer den Koran rezitieren wolle, sich ganz besonders vor den Gefährdungen und Einflüsterungen des Teufels zu schützen habe. So muss bis heute bei jeder Rezitation des Koran über die so genannten „Basmallah" hinaus, also die übliche Einleitung „Im Namen des gütigen und barmherzigen Gottes", die Formel verwendet werden „Ich nehme Zuflucht bei Gott vor dem zu steinigenden Teufel".

Wie wurde die ursprüngliche Offenbarung weitergegeben?
Nach der Lehre der Muslime wurde der Koran hauptsächlich in den Herzen aufbewahrt. Das heißt auswendig gelernt. Das ist nichts ungewöhnliches, denn in der Antike wurden Texte tradiert, indem man sie auswendig zu beherrschen lernte. Wenn Kinder den Koran

in Koranschulen lasen, lernten sie nicht, ihn zu übersetzen oder zu verstehen. Dies ist bis heute in den Koranschulen üblich. Vielmehr lernt man an Hand des Koran Arabisch lesen und schreiben. Dies galt jedoch nur für Muslime. Orientalische Juden oder Christen, denen die Koranschulen nicht zugänglich waren, lernten das Arabisch nicht mit arabischen, sondern mit hebräischen Schriftzeichen zu schreiben, ähnlich den europäischen Juden im Mittelalter, die Jiddisch mit hebräischen und nicht mit deutschen Buchstaben schrieben. Hinzu kommt, dass der Koran in der Koranschule oder Moschee von Fachleuten rezitiert wurde, die bis heute in jedem Freitagsgebet große Teile des Koran rezitieren.

In den Nächten des Fastenmonats Ramadan wird üblicherweise jede Nacht ein 30stel rezitiert, bis der Koran in seiner Gänze von Anfang bis Ende einmal vorgelesen worden ist. Daneben existiert jedoch inzwischen auch eine moderne Adaption des Koran. In Fernsehen und Rundfunk ist er gewissermaßen zum Pausenzeichen geworden. Zu Beginn eines Programms wie auch zum Ende wird er rezitiert, im Fernsehen sogar zum Mitlesen. So wachsen Muslime, gläubig oder nicht, von frühester Jugend an mit dem Korantext auf. Ihnen ist die koranische Diktion so vertraut, dass viele im Gefühl zu haben scheinen, was sie bedeutet.

Wenn es für einen Text keine sichere Erklärung gibt, sind sie der Ansicht, dass sie ihn verstünden. So wie ein Kind irgendwann alle Worte nur deshalb zu verstehen scheint, weil sie sich in bestimmten Wendungen immer wiederholen, und sich das System Sprache dadurch irgendwann fast selbst erklärt.

Doch die Koranrezitation ist auch eine Kunstform. In Pakistan oder Bangladesch gewinnt nicht nur das Kind, das den Koran auswendig lernt, sondern dadurch auch die gesamte Familie an Sozialprestige. In Saudi-Arabien finden jedes Jahr hochartifizielle Rezitierwettbewerbe statt. Diese Art der Koranrezitation, früher eine Profession für Blinde, existiert losgelöst für sich selbst. Es gibt, wie in der Oper, verschiedene Richtungen, gewissermaßen verschiedene Distanzen zum Text von verständlich bis dahin, sich künstlerisch weit von der Wiedergabe des Textes zu entfernen. Einer der bekanntesten Koranrezitatoren ist übrigens Jussuf Islam, alias der ehemalige populäre amerikanische Popmusiker Cat Stevens.

Kommen wir noch einmal auf die Frühzeit zurück. Welches sind die Gründe dafür, dass es zu einer Verschriftlichung der Offenbarung kam?

Folgt man der islamischen Überlieferung, gab es dafür einen politischen Grund. Dieser liegt in der Ausdehnung des islamischen Weltreiches, verbunden mit dem inhärenten Anspruch des Koran, zwar ein religiöses, aber auch weltliches Buch zu sein. Der Koran beansprucht damit ein Gesetzbuch zu sein. Natürlich ist er nicht für alle Bereiche des menschlichen Lebens. Aber in manchen Bereichen kommt er diesem Anspruch klar und deutlich nach, z.B. wenn er ausführt, dass der Anführer eines Heeres nicht mehr ein Viertel, sondern nur noch ein Fünftel der Beute für sich beanspruchen darf. Solche Aussagen des Koran bedürfen auch keiner zusätzlichen, weiteren Auslegung. In anderen Bereichen dagegen, wie im Erbrecht, ist der Text ausgesprochen umständlich, lang und kompliziert, entsprechend der Komplexität des Sachverhaltes. Wichtig ist, dass er auch darin den Anspruch aufrechterhält, ein Gesetzbuch zu sein, wenn auch ein unvollständiges. Denn es bedarf noch der Sunna, also der Überlieferung dessen, was der Prophet noch gesagt und getan hat, um die Bestimmungen, die ihrem Gehalt nach im Koran angelegt sind, auf das alltägliche Leben übertragen zu können.

Der Koran ist auch ein politisches Buch, insofern er das religiöse Heil des Menschen mit der Befolgung des im Koran angelegten Rechts und der Rechtsvorschriften verknüpft. Daraus leiten Muslime heute ab, dass der Islam nicht, wie das Christentum, die religiöse und weltliche Sphäre voneinander trennt, sondern ganz im Gegenteil versucht, die beiden Bereiche so eng aneinander zu binden wie nur möglich.

Dabei wurde der Koran erst im klassischen Mittelalter zur Grundlage des islamischen Rechts. Damals erst begann man eine Unmenge an Überlieferungen über das Leben und die Aussprüche des Propheten hinzuzuziehen. So bildete sich ein Gesetzessystem heraus, das sich in die schiitische Rechtsschule, aber vor allem in vier sunnitische Rechtsschulen gliederte, die bis heute gleichberechtigt nebeneinander bestehen.

Der Koran wäre ohne mündliche Überlieferung kaum eindeutig zu lesen. Andererseits existieren im Detail so gravierende Abweichungen in den Lesarten, dass man sich fragt, wie die Urformen der schriftlichen Überlieferung bearbeitet wurden. Ab wann wird denn der Koran orthographisch durchgekämmt und überarbeitet? Ab dem Jahre 150 der Hidjra, also dem Ende des achten Jahrhunderts. In dieser Zeit erlebt das Geschäft der Grammatiker im Mesopotamien der Abbassidenzeit einen enormen Aufschwung. Damals entstehen die großen Grammatikerschulen in Basra und Kufa. Denn es sind Grammatiker, die über den Koran forschen und daraus schließlich die klassische arabische Grammatik schreiben.

Jetzt erst entstehen die ersten Wörterbücher, jetzt erst werden umfangreiche Sammlungen angeblich altarabischer Gedichte zusammengestellt. Sie sind eine Reaktion auf das sich ausbreitende Bedürfnis weiter Teile der Gesellschaft, den Koran besser verstehen zu wollen. Also beginnt man nach Vorbildern und Parallelen zum Korantext in der Dichtung zu suchen, man zeichnet die altarabische Dichtung auf.

Als man 1924 die Kairiner Ausgabe fertigte, fühlte man sich in der Schreibweise durch die alten Handschriften bestätigt. Denn im Gegensatz zu den Editoren von Aristoteles, Platon, des Alten oder Neuen Testaments, die sich auf Handschriftenforschung stützten, berief man sich in Kairo auf Bücher über die korrekte Koranorthographie.

Dann ist die wissenschaftliche Beschäftigung mit frühzeitlichen Handschriften etwas Neues?
Insofern ist die Beschäftigung mit real existierenden Koranhandschriften etwas Neues. Dies gilt auch für die westliche Koranwissenschaft, die erst in den 60er Jahren des vergangenen Jahrhunderts begann, sich mit Handschriften zu beschäftigen. Im Gegensatz zur Beschäftigung mit einem aristotelischen Text oder der Bibel, den man, in der Tradition der Aufklärung, in erster Linie als einen zu analysierenden Text ansieht, dessen Verständnis und Rezeption sich von Generation zu Generation wandelt, selbst wenn der gedruckte Text gleich bleibt.

Nun ist der Koran in der Wahrnehmung der Muslime gar kein irdisches Buch, sondern eines, das die Rede Gottes an den Menschen enthält, beziehungsweise einen Teil davon. Danach unterliegt er keiner Textkritik. Jede Innovation, jede Neuerung, die in den Korantext hineingebracht wird, ruft seit jeher Proteste hervor. Sie sind selbst aus der frühesten Zeit überliefert.

Damals versuchte der irakische Gouverneur Hadjasch Ibn Yussuf eine Koranschreibung zu erzwingen, in der diakritische Punkte verwendet werden sollten. Ebenfalls massive Proteste gab es bei dem Versuch, die Vokalisierung einzuführen. So verwendete man im zweiten Jahrhundert der islamischen Zeitrechnung ganz dicke rote Punkte, damit ja niemand auf die Idee kommen konnte, diese Lesehilfen mit dem Koran zu verwechseln.

Selbst noch 1924 kam es in Kairo zu Demonstrationen gegen den gedruckten Koran, weil man die seit Jahrhunderten verwendeten kleinen blüten- oder kreisförmigen Verstrenner zwischen den einzelnen Versen durch eine fortlaufende Zahl von Versnummern ersetzte.

Mittlerweile hat man sich zwar daran gewöhnt und es gibt keine Korane mehr ohne Verszählung. Aber man sieht, dass es immer schon massiven Widerstand konservativer Kreise gegen jede Neuerung in Bezug auf die Koranschreibung gegeben hat, der sich bis heute gegen jede neue Lesart des Koran findet. Auch wenn es im Islam selbst klassische Interpretationen, klassische Korankommentatoren gibt, die ein Wort oder einen Vers in zwanzig verschiedenen Versionen erklären. Aber diese Kommentatoren werden als Teil der Tradition angesehen.

Im Gegensatz dazu werden Erneuerer in der Gegenwart sogar mit dem Tode bedroht. Als ein sudanesischer Reformer vorschlug, man könne zwischen den mekkanischen Suren als religiöse und den medinischen als gesetzgeberische unterscheiden, und folglich brauche man die medinischen in der Gegenwart nicht mehr anzuwenden, da man ja jetzt selbst die Gesetzgebung machen könne, wurde er unter Präsident Jafaar Muhammed al-Numeiri kurzerhand aufgehängt.

Es gibt bis heute Reformer, die immer wieder, wenn auch zaghaft, Versuche unternehmen, den Koran in moderner Weise zu verstehen. Aber sie alle bekommen sehr große Schwierigkeiten und können in der Regel in ihren Herkunftsländern nicht leben. In Pakistan ist ein solcher Reformer von der Todesstrafe bedroht. Er hatte öffentlich geäußert, dass Mohammed in seiner Jugend ein Ungläubiger war. Auch wenn er Recht hat, denn erst im Alter von 40 Jahren erhielt Mohammed seine erste Offenbarung, und auch die Recherche in den Büchern über das Leben Mohammeds lassen diesen Schluss zu, darf man dies bei Lebensgefahr in Pakistan nicht öffentlich äußern.

In vielen islamischen Gesellschaften darf Korankritik öffentlich nicht verbreitet werden. Aber interessanterweise war dies nicht immer so. Im 16. Jahrhundert verfasste der Ägypter As Sujuti zum Beispiel ein Buch über den Koran, worin er in einem berühmt gewordenen Kapitel allein 25 Sprachen aufzählt, die ihre Spuren im Koran hinterlassen haben sollen. Und er ist voller Stolz, wenn er auch noch ein Bantuwort, ein griechisches oder lateinisches Wort herleiten kann. Man kann annehmen, dass wenn in seinem Gesichtsfeld 100 Sprachen gewesen wären, er diese auch im Koran entdeckt hätte.

Für ihn waren diese Spuren ein Beleg für die universelle Botschaft des Koran. Wenn man dagegen heute öffentlich äußert, dass es griechische und lateinische Wörter im Koran gibt, reagieren viele Muslime mit völligem Unverständnis. Für sie ist der Koran ein eindeutig arabischer Koran, in dem Sinne, wie der Koran von sich selbst behauptet, dass er in eindeutig arabischer Sprache verfasst ist.

Ein Muslim, auch wenn er Professor für arabische Literaturgeschichte ist und weiß, dass im Koran jede Menge aramäische Wörter enthalten sind, genauso wie hebräische, griechische, lateinische, persische, äthiopische usw. würde sich, wenn er öffentlich davon berichten würde, gefährden.

Was ist ein möglicher Grund, der verschiedene Lesarten des Koran nicht zulässt?
Es könnte daran liegen, dass Muslime im 20. Jahrhundert den Islam nicht von Geistlichen lernen, sondern, bedingt durch die allgemeine Schulpflicht, den Koran auch selbst zur Hand nehmen und unbeschwert von einer Jahrhunderte langen exegetischen Tradition selbst lesen können. Denn ein solch intolerantes Verhalten in Glaubensfragen ist typisch für Menschen, die zum ersten Mal mit dem Lesen heiliger Texte in Verbindung kommen.

Ein Beispiel sind die Paschtunen in Afghanistan, die ersten Taliban, die massenweise eine Leseausbildung in Koranschulen erhalten haben. Danach lehnten sie die religiöse Tradition ihrer Eltern radikal ab. Diese Erscheinung, den man als Skripturalismus bezeichnet, gilt auch für die frühen Wahabiten im Zentralarabien des 18. Jahrhunderts. In einer Art Bildungsoffensive schickte Muhammad Ibn Abdul Wahab Lehrer zu den saudischen Stämmen. Das waren Leute, die die Rituale kannten, die wussten, wie man eine Moschee oder einen Gebetsplatz baut, die wussten, wann die Gebetszeiten sind, wie man Eheverträge, Heiratsverträge und alle anderen Verträge schließt.

Die Stämme wurden so nach Möglichkeit enttribalisiert, so dass sich der Wahabismus bis nach Syrien verbreiten konnte. Als Kulturwahabismus steht er an der Wiege des arabischen Nationalismus, als Salafiyya verbindet er den arabischen Nationalismus mit dem Islamismus. Diesen Skripturalismus, im Grunde das Neubekehren durch selber lesen, findet man mehr oder weniger überall in der islamischen Welt.

Selbst an deutschen Moscheen lässt sich dies beobachten. Muslime, die eigentlich vorhaben, Elektrotechnik oder irgendein technisches Fach zu studieren, beginnen erst hier, im Ausland und in einer fremden Umgebung den Koran zu lesen. Da der Koran aber nicht nur religiös erbauliche Passagen enthält, sondern auch politisch brisante Formulierungen, so zum Beispiel in Bezug auf die Juden ein deutliches antisemitisches Programm, wird der eine oder andere Satz, wenn jemand das Bedürfnis hat, seine politische Opposition gegen Amerika, gegen Israel, gegen den Westen oder gegen wen auch immer, religiös zu untermauern, für ihn zur Handlungsanweisung.

Und da sich im Koran selbst keinerlei Aufforderung findet, diese Sätze zu historisieren, zu relativieren oder durch Historisieren zu relativieren sind die Bilder aus der Frühzeit des Islam, so wie sie geschildert und in der Tradition interpretiert werden, jederzeit neu herauf zu beschwören.

Natürlich arbeitet auch die politische Propaganda auf allen Ebenen mit diesen Bildern, sichert ihre autoritäre Herrschaft mit Bildern, die jedem vertraut sind, und verbreitet sie in einer politisch aufgeheizten Interpretation auch weiter. So ergießt sich die Tradition in immer neuen Bearbeitungen in die islamischen Gesellschaften. Das ist der Grund, warum die Utopie der Islamisten in die Vergangenheit, in den Staat von Medina mündet.

Welche Rolle spielt für die Islamisten dabei der Koran?
Der Koran ist gleichsam die Mao-Bibel der Fundamentalisten. Die Deutungsautorität haben jedoch andere, wie die Azhar Universität in Kairo oder die bekannten Mullahs im Schiismus, so dass ihre tatsächlichen Korankenntnisse zum Teil sehr gering sind und ihre Interpretationen bestimmter wichtiger Passagen unterschiedlich sein können.
Nehmen wir als Beispiel den Vers: „Es gibt keinen Zwang im Glauben". Damit begründen Fundamentalisten gerne, dass der Koran eigentlich Toleranz verlangt. Andere sagen, dass der Vers längst überholt ist von einem jüngeren Vers, der ein scharfes Vorgehen gegenüber Christen und Juden verlangt, also gar nicht mehr gilt. Die dritte Version ist die, dass man behauptet, der Vers würde nur falsch gelesen. Der hieße nicht: Es gibt keinen Zwang im Glauben, sondern es gibt keinen Zwang *im* Glauben.
Die Betonung macht in der letzten Lesart den Unterschied und verkehrt die Bedeutung in sein Gegenteil. Denn man betont so, dass, wenn man im Islam ist, es keinen Zwang mehr gibt, aber außerhalb des Islam jede Menge.

Auch die Selbstmordattentäter beziehen sich auf den Koran.
Das sind Leute, die auch in unserer Tradition einen hohen Stellenwert hätten, wenn sie auf unserer Seite stünden. Aus islamischer Sicht sind es tapfere Krieger und dadurch, dass sie sich selbst als Waffe verstehen, keine Selbstmörder. Die Attentäter des 11. September hat niemand als Selbstmörder bezeichnet. Selbstmord ist verboten im Islam und niemand sagte, sie seien vom Glauben abgefallen, also keine Muslime mehr. Das wäre vielleicht der Fall, wenn sie sich von der Spitze der Türme zu Tode gestürzt hätten.
Das Motiv war vielmehr eine konsequent ausgebaute islamistische Ideologie, die in letzter Konsequenz dem Kämpfer ein gesichertes und freudvolles Leben im Jenseits zusichert. Schließlich kämpft er

für den Islam. Und was immer er auf diesem Wege als Sünde begeht, wird ihm verziehen. Dieses Paradiesversprechen enthebt ihn der sonst geltenden Lehre, dass Gott in seiner Souveränität sich vorbehält, selbst zu bestimmen, wen er ins Paradies aufnehmen will.

Während gerade ein frommer Muslim bis zum letzten Atemzug ohne Heilsgewissheit ist, ist sich der Märtyrer dieser gewiss. Er geht ohne Befragung, ohne rituell gewaschen zu sein, sofort ins Paradies ein. Das ist das Versprechen Gottes und steht so im Koran. Das ist eine Heilsgewissheit, denn Gott ist mit denen, die aufstehen und nicht mit denen, die sitzen bleiben.

Aus solchen Versatzstücken können sich Fundamentalisten gewissermaßen eine Kurzfassung des Koran ableiten und dann zum aktiven Handeln aufrufen. In ihrer Art entsprechen sie den Methodisten, die eine ähnliche Methode mit Gesang, guten Werken und Aufopferung für christliche Märtyrer entwickelt haben. Jedoch ist der christliche Märtyrer einer der hauptsächlich leidet, während der muslimische Märtyrer seine Gegner mit dem Schwert bekämpft, als Beispiele Hassan und Hussain, die Enkelsöhne des Propheten, in Kerbela. Der muslimische Märtyrer ist ein Kämpfer, der christliche Märtyrer ist ein Dulder. Daher erscheint es uns merkwürdig, wenn Muslime bei Selbstmordattentätern von Märtyrern sprechen. Es entspricht nicht unserer Vorstellung eines Märtyrers, dass jemand, der sich in die Luft sprengt, auch noch mit dem Paradies dafür belohnt wird.

Somit wäre jede Neuinterpretation beziehungsweise Lesart des Koran, auch die, die Christoph Luxenberg vorgelegt hat, in den Augen islamischer Fundamentalisten ein Angriff auf die Integrität ihrer eigenen Ideologie?

Das ist es aus der Sicht der radikalen Muslime, wie jede neue Lesart. Es ist ein sehr ernst zu nehmender Angriff auf ihre Ideologie. Sie identifizieren die Frage danach, ob der Koran eine Geschichte hat, auch wenn es Orthographiegeschichte oder Textgeschichte ist, als eine Machenschaft von Orientalisten und als einen Angriff auf die Religion. Erfolg hätte der Angriff ihrer Meinung nach, wenn es Muslime gäbe, die durch die wissenschaftliche Arbeit in ihrem

Glauben daran zweifeln würden, dass der Koran das ewige, göttliche Wort sei, das unveränderlich ist. Darin besteht für sie der zentrale Angriff auf die Glaubenswahrheit der Muslime.

Das klingt so, als ob vom Islam nichts übrig bliebe, wenn man an irgendeiner Stelle beweisen könnte, dass der Koran Veränderungen oder ein anderes Verständnis erfahren hat. Als ob jemand, der als Muslim aufgewachsen ist, nun auf einen Schlag in Gefahr steht, seinen Glauben zu verlieren, wenn nur an einer winzigen Stelle innerhalb seines eigenen Islambildes eine Frage aufkommt.

Dabei lässt es sich nicht verhindern, dass der Koran immer mehr als ein Stück der Geistesgeschichte, der Religionsgeschichte des Orients erscheint. Denn es wird immer klarer, dass der Hidjas, die Region, in der der Islam entstanden ist, eine Region war, die sehr wohl und sehr intensiv in Kontakt zu den Kulturen des östlichen Mittelmeeres stand.

Wenn man von den fehlenden Zeugnissen eines Heidentums auf der arabischen Halbinsel ausgeht, könnte man sagen, dass die arabische Halbinsel vor dem Islam gar nicht so heidnisch war, wie es Muslime heute so gerne behaupten. Die vorislamische Zeit als Jahiliya, die Zeit der Unwissenheit, zu bezeichnen, ist sicherlich ein Konstrukt, das islamistische Ideologen aufgebaut haben, um gewissermaßen das Revolutionäre, das Neue des Islam ganz besonders herauszustellen.

Es gibt im Koran auch Ansatzpunkte dafür, dass in ihm vorislamische Texte mit aufgenommen wurden. Doch damit ist die Wissenschaft heute an einem Punkt angekommen, an dem man nicht mehr rein philologisch arbeiten kann. Man hat rein philologisch hunderte von arabischen Wörtern auf das Aramäische zurückführen können, also auf die Kultursprache, die zur Zeit der Entstehung des Islam die gängige Handelssprache der arabischen Halbinsel war. Sowohl die Juden als auch die Christen haben Aramäisch gesprochen. Es ist also kein Wunder, wenn die arabische Sprache, auch die des Koran, hunderte von aramäischen Lehnwörtern aufgenommen hat. Und wenn man genau hinguckt, sind dies alles Worte aus der Sphäre der Religion.

Bahira-Legende, Dante und Luxenberg
Von verschiedenen Koranwahrnehmungen

Von Michael Marx

Es ist auffällig, wenn in europäischen Debatten, bei denen der (stillschweigend vorausgesetzte) gemeinsame Nenner irgendwo zwischen Religionsfeindlichkeit und Säkularismus liegt, allzu häufig der Koran erwähnt wird. Fragen nach den „Bestimmungen im Koran", die das Kopftuch betreffen, nach Anweisungen bezüglich der Selbstmordattentäter, bis hin zu „Steht die Steinigung der Ehebrecherin im Koran?" belegen, dass es die heilige Schrift des Islam, einer bedeutenden (wenn auch erst unlängst entdeckten) Weltreligion, offenbar geschafft hat, massenmedial präsent zu sein.

Ob dies dazu führt, dass man in Deutschland die in vielen Haushalten inzwischen im Bücherregal stehenden Koranübersetzungen auch liest, darüber müssen Marktforscher befinden. Das allgemeine Interesse an einem heiligen Text deutet jedoch darauf hin, dass sich seit den Anschlägen des 11. September die Wahrnehmung des Koran verändert hat. Die so genannten Experten beginnen ihre Ausführungen über den Islam allzu gerne mit dem Satz „Im Koran heißt es bereits, dass...", auch wenn sie weder Schriftgelehrte noch besonders mit dem Koran vertraut sind. Ihnen scheint es allzu verlockend, selbst die Referenz des heiligen Textes zur Untermauerung ihrer Aussagen zu nutzen. Dabei verbreitet diese exotistische Attitüde im Zusammenwirken mit massenmedialer Präsenz leider allzu häufig undifferenzierte Urteile und Vorurteile.

Als der deutsche Orientalist Theodor Nöldeke im Jahr 1860[*] den

---

[*] Theodor Nöldeke, Geschichte des Qorans, Göttingen, 1860. Ein bis heute rezipiertes Standardwerk. Theodor Nöldeke (1836-1930) war Orientalist. Auch wenn er von der Überlegenheit der griechischen Kultur fest überzeugt war, setzte er sich intensiv mit der Grammatik der semitischen Sprachen sowie mit der arabischen, syrischen und persischen Literaturgeschichte auseinander. Seine Forschung ist für die philologische Auseinandersetzung mit dem Syrischen (auch dem Syro-Aramäischen) und Arabischen bis in die Gegenwart grundlegend.

ersten Band der „Geschichte des Koran" schrieb, waren die Muslime aus europäischer Perspektive weit weg. Das neunzehnte Jahrhundert, das für die Beschäftigung mit der Bibel einen Wendepunkt darstellt und die historisch-kritische Methode für die Hebräische Bibel und das Neue Testament entwickelte, war jedoch auch der Neubeginn für die Beschäftigung mit den Literaturen des Orients. Wissenschaftler in dieser Zeit waren nicht selten in mehreren Disziplinen zuhause. Nöldeke veröffentlichte ebenso zu Themen der hebräischen, aramäischen, äthiopischen wie zur arabischen Philologie und Literatur. Julius Wellhausen (1844–1918), der eine bis heute rezipierte Schrift über die „Reste altarabischen Heidenthums" (1897) verfasste, hatte auch als Arabist und Theologe einen Namen. Die Beschäftigung mit dem Islam brachte es jedoch kaum zu tagespolitischer Aktualität. Auch wenn der damalige preußische Politiker (Kulturminister von 1925–1930) und Orientwissenschaftler Carl Heinrich Becker schon damals provokant-populistisch in einem Aufsatz fragte: „Ist der Islam eine Gefahr für unsere Kolonien?" (Kol. Rundschau 1909). Diese fehlende Rezeption des Orients in der deutschen Öffentlichkeit hat Auswirkungen bis in die jüngste Vergangenheit. Selbst in der einflussreichsten kulturkritischen Untersuchung der vergangenen Jahrzehnte, „Orientalism" von Edward W. Said (1977), werden die Ergebnisse der deutschen Orientforschung kaum beachtet.

Auch wenn manch einer vermutet, dass dies an der im Gegensatz zu Frankreich und Großbritannien unbedeutenden kolonialen Vergangenheit läge, scheint die philologische Tradition in der deutschsprachigen Orientwissenschaft selbst entscheidender zu sein. Die Konzentration auf die Untersuchung der Sprache jedenfalls brachte ihr den bis heute nachwirkenden Ruf von Weltfremdheit ein. Zu Unrecht, denn gerade die philologische Auseinandersetzung mit den orientalischen Sprachen, wie Arabisch, Aramäisch und Hebräisch schufen bis in die Gegenwart gültige Grundlagenwerke. Für die Erforschung des Koran, vor allem in den Bereichen der Textgeschichte und des Sprach- und Kulturvergleichs haben in Deutsch verfasste Untersuchungen nicht an Aktualität verloren.

Die Auseinandersetzung mit dem Koran

Der Koran und die christliche Welt

Die Beschäftigung der christlichen Welt mit dem Islam und dem Koran reicht bis in die Entstehungsgeschichte des Islam zurück. Der Koran dokumentiert bereits an zahlreichen Textstellen die Auseinandersetzungen mit den Juden, mit jüdischem und auch christlichem Gedankengut. Von den Christen und Juden auf der arabischen Halbinsel sind aus der Zeit des Propheten keine schriftlichen Quellen erhalten, die sich auf die Entstehung der dritten großen monotheistischen Religion beziehen. Man muss jedoch davon ausgehen, dass der Koran und die Entstehung einer neuen monotheistischen religiösen Strömung auf der Halbinsel die Aufmerksamkeit der Vertreter der bereits bestehenden monotheistischen Religionen auf sich zog.

Zu den ersten wichtigen islamischen Texten, die nach dem Koran schriftlich fixiert wurden und heute vorliegen, gehört die Prophetenbiographie des Ibn Ishaq (704–776), die wahrscheinlich um das Jahr 750 zum ersten Mal aufgezeichnet wurde und in der Redaktion des Ibn Hischam (gest. ca. 830 n.Chr.) vorliegt. Die Prophetenbiographie (sira nabawiyya) schildert die Lebensgeschichte des Propheten Mohammeds und die Entstehungsgeschichte der islamischen Gemeinde.

In ihr erscheinen das Leben des islamischen Propheten und die Offenbarungen erstmalig in chronologischer Reihenfolge dargestellt. Die Prophetenbiographie enthält eine Fülle von Bezügen zu den anderen monotheistischen Religionsgruppen, die auf der arabischen Halbinsel präsent waren, insbesondere zu Juden und Christen. Ein in der Sira häufig auftretendes Motiv ist die Auffassung, dass der Prophet Mohammed in der Tradition von Juden und Christen stehe, dass er die wahre Fortsetzung von Christentum und Judentum darstellt.

So wird beispielsweise erwähnt, dass bereits in der Bibel ein Hinweis auf Mohammed enthalten sein soll. Ebenso ist die Rede davon, dass einige Christen in einer Erwartungshaltung bezüglich des Kommens eines neuen Propheten gewesen sein sollen. Die in der Prophetenbiographie enthaltene Legende vom christlichen Mönch

Bahira gehört ebenfalls zu der Gruppe von Texten, in denen ein Bezug zum Christentum hergestellt wird. Die Legende vom syrischen Einsiedler, der den Propheten zu identifizieren vermag, bildet die Auseinandersetzung zwischen Muslimen und Christen ab, insofern als sie auf die „andere" Seite Bezug nimmt. Dadurch wird in gewissem Sinne eine Trennlinie gezogen. Besonders bemerkenswert ist, dass die Bahira-Legende in islamischen und christlichen Versionen überliefert ist, die in Beziehung zueinander stehen, sich gleichzeitig jedoch ausschließen.

Die islamische Version der Legende berichtet davon, wie Mohammed als Kind dem Einsiedler Bahira begegnet, als er mit der mekkanischen Karawane nach Syrien reist, die an der Klause des Mönches Rast einlegt. Der Einsiedler, der in den heiligen Schriften kundig ist, findet unter den Leuten der Karawane großes Interesse an dem jungen Mohammed und kann ihn anhand eines Mals an dessen Rücken (das Siegel des Propheten) als den zukünftigen Propheten, der auch in der Bibel angekündigt sei, identifizieren. Der Mönch Bahira belegt als gelehrter Vertreter des Christentums die Echtheit des neuen Propheten.

Parallel zur islamischen Version der Legende ist eine christliche Legende um den erwähnten Mönch überliefert (vgl. Gottheil 1898-1903). Die christliche Legende dreht das Szenario um: Der Mönch Bahira, ein nestorianischer Mönch, der unter den Arabern das Christentum verbreiten will, begegnet Mohammed und wird dessen Lehrer. Nachts unterrichtet er Mohammed, der am Tage den Mekkanern Bahiras Lehren als göttliche Offenbarung verkündigt. In der christlichen Version der Legende wird dabei der Koran als Lehre des christlichen Mönches gesehen, in seinem Kern also als ein Text, der auf christlichen Ideen beruht.

In einer Version der Legende wird dabei beispielsweise die Sure al-Qadr (Sure 97) als Beleg für den ursprünglich christlichen Inhalt angeführt. Der Text dieser Sure, so behauptet die christliche Bahira-Legende, beziehe sich jedoch nicht auf die Hinabsendung des Koran, wie ihn die klassisch-islamische Exegese in der Regel versteht (der Koran wird explizit in der Sure nicht erwähnt), sondern auf die Geburt Jesu Christi. Die Sure beziehe sich also in Wahrheit auf das Weihnachtsfest, auf die Engel, die in der heiligen Nacht herabsteigen, um den Hirten auf den Feldern Bethlehems die Geburt des Herrn und Frieden auf Erden verkünden. Die Unterweisung des christlichen Mönches Bahira folge also einer eigenen Dynamik und führt zu einer neuen Auslegung der christlichen Lehre.

Der Islam ist nach dieser Darstellung eine Art verdrehtes Christentum; der Koran wird als ein christlicher Auslegungstext betrachtet. Wenn man den Koran richtig verstehe, so wird an dem Beispiel der Sure 97, der „Weihnachtssure" gezeigt, so lässt sich dies immer noch als sein wahrer Kern erkennen. Die christliche Bahira-Legende enthält also ihre eigene Koranexegese, eine Art christliche Hermeneutik des Koran. Die Geschichte von Bahira kann als Beleg dafür gelten, wie die Entstehung des Islam im Umfeld der vorhandenen religiösen Gruppen polemisch thematisiert wurde.

Auffällig ist, dass sowohl die islamische als auch die christliche Version der Bahira-Legende als Text aus dem 8. Jahrhunderts überliefert sind. Die islamische Version wird in der Prophetenbiographie des Ishaq (entstanden um 750, überliefert in einer Redaktion aus der ersten Hälfte des 9. Jahrhunderts) überliefert, die christliche Version wird bei Johannes von Damaskus (675–749) erwähnt (vgl. Sahas 1972). Nach Johannes' Darstellung geht die Religion der Muslime auf einen falschen Propheten und eine Verzerrung biblischen Gedankenguts zurück, da Christus nur als ein Prophet, nicht aber als Sohn Gottes gesehen wird.

Der Koran nimmt auch Bezug auf den theologischen Rang von Jesus Christus und den jüdischen Propheten, akzentuiert ihre theologische Bedeutung jedoch anders. Doch durch ihre Vereinnahmung in den Koran erhält die „neue" Religion gleichzeitig auch die Möglichkeit, sich von den anderen Buchreligionen abzusetzen. Denn aus Sicht des Propheten befinden sich Juden und Christen auf einem Irrweg. Der Prophet selbst wird als der wahre Vertreter der monotheistischen Tradition gesehen, die Christen werden der Abweichung von der eigenen christlichen Lehre beschuldigt.[*]

Die Bahira-Legende kann jedenfalls als ein frühes Zeugnis über die Auseinandersetzung des Islam mit seiner christlichen Umgebung gelten. Die christliche Version der Legende dokumentiert in

---

[*] Vgl. auch den Beitrag von Nasr Hamid Abu Zaid in diesem Buch.

ihrer „christlichen Koranexegese" möglicherweise sogar eine Vorform der Orientalistik, im Sinne einer nicht-muslimischen Rezeption und Deutung grundlegender islamischer Texte.

Die Wahrnehmung des Islam ist in der Literatur der orientalischen Christen bestimmt vom Paradigma eines christlich-häretischen Ursprungs der islamischen Religion. Dieses Paradigma wird über Jahrhunderte von orientalischen Christen tradiert. In Europa dagegen wächst erst nach der Eroberung Toledos durch die christlichen Spanier im Jahre 1085, als sich viele Europäer der militärischen Auseinandersetzung mit den Muslimen gewachsen fühlten, das intellektuelle Interesse an islamischen Texten.

Die lateinische Koranübersetzung, die unter Petrus Venerabilis (1092–1156) in Toledo angefertigt wurde, ist eine wichtige Voraussetzung. Eine weitere Übersetzung des Koran wurde um 1210 von Marcus von Toledo ausgearbeitet. Doch diese Übersetzungen des Koran wurden häufig zur Grundlage von antiislamischen Abhandlungen, die die antiislamische Propaganda der Reconquista bestimmten. Auch die Kreuzzüge wurden von antiislamischer, aber vor allem antijüdischer Propaganda beherrscht. Ohne darauf näher eingehen zu können ist dennoch erkennbar, dass sie die intellektuelle Auseinandersetzung mit dem wiederentdeckten Orient beschleunigten. Dennoch blieb die Auseinandersetzung von Rivalität und Konkurrenz der beiden monotheistischen Religionen bestimmt.

Im 15. Jahrhundert forderte Nicolaus Cusanus (1400-1458) dazu auf, den Koran zu lesen, um darin verborgene Wahrheiten des Evangeliums zu sichten. Seine Cribratio alcorani („Sichtung des Koran") widmet sich einer solchen Sondierung gemeinsamer göttlicher Wahrheiten im Koran. Er prägte den Ansatz, dass ein verdecktes christliches Erbe in der islamischen Tradition auszumachen sei. Für Martin Luther stand bei der Auseinandersetzung mit dem Koran dagegen wieder der häretische Charakter des Textes fest, da für ihn Wahrheiten und falsche Glaubenssätze untrennbar miteinander vermischt zu sein schienen.

Der Koran wurde zum Topos, zum Inbegriff einer häretischen Schrift: Die Sorbonne-Universität in Paris bezeichnete Luthers 95 Thesen als noch verderbter als der Koran. Die Protestanten sahen ihrerseits im römischen Papst und im Propheten Mohammed nichts anderes als die beiden Hörner des Antichristen. Auch außerhalb der theologischen Akademien ist diese Wahrnehmung greifbar. In Dantes Göttlicher Komödie ist eben diese Sichtweise der islamischen Religion dokumentiert, wenn es über den Propheten Mohammed, der sich in Dantes Hölle befindet, heißt: „Sieh hier, wie Mahomed verstümmelt ist! Dort vor mir geht hinweg wehklagend Ali, vom Schopf zum Kinn das Angesicht gespalten; und so die anderen, die du hier erblickest, weil sie im Leben Ärgernis und Spaltung gesät, gehen so zerhauen hier umher."

Die Bestrafung bildet ab, was die christliche Welt mit dem Propheten Mohammed (seminator di scandalo e di schisma) in Verbindung brachte: Eine Spaltung der christlichen Welt und die Verbreitung einer häretischen Lehre.

Seit dem 19. Jahrhundert

Die akademische Beschäftigung mit dem Koran und der arabischen Sprache war im vormodernen Europa eng mit der Theologie verknüpft. Dies änderte sich erst im neunzehnten Jahrhundert. Jetzt lassen sich Anfänge einer modernen wissenschaftlichen Beschäftigung mit dem Koran verorten. Zunächst steht dabei die Frage nach dem Einfluss des islamischen Propheten im Zentrum. Als Prototyp dieser Betrachtungsweise kann Abraham Geigers Schrift „Was hat Mohamed aus dem Judenthume aufgenommen" (Bonn 1833) gelten.

Auch wenn diese Ansätze ein sehr statisches Konzept von Autorschaft enthalten, wird das Bemühen erkennbar, die Entstehungsgeschichte des Islam im Kontext zu vertrauten europäischen Religionsgemeinschaften zu rücken. Vertreter dieser Richtung sind Studien von Dvorak (1885), Fraenkel (1886), Hirschfeld (1887) oder Jeffery (1938) zu außerarabischen Einflüssen auf die Sprache und religiösen Vorstellungen des Koran.

Das Problem der fremdsprachlichen Einflüsse und Lehnwörter (aus dem Griechischen, Hebräischen, Äthiopischen, Aramäischen...) ist zwar auch schon in der islamischen Koranexegese behandelt worden und findet in der klassischen Zeit Aufmerksamkeit (ein großer Teil dieses Bereichs der Exegese findet man zusammengefasst in as-Suyutis Kompendium der Koranwissenschaften, dem Itqan fi ulum al-qur'an. Allerdings mit der Absicht theologischen Sendungsbewusstseins).*

Die Orientalistik sieht in den Fremd- und Lehnwörtern eine Charakteristik der Koransprache. Nach Karl Vollers Hypothese, der in seiner Arbeit „Volkssprache und Schriftsprache im alten Arabien" (1906) der Frage nachgeht, in welcher Sprache der Koran verfasst sei, unterscheidet sich die Arabizität des Koran deutlich von der Sprache der arabischen Dichter. Das Koranarabische sei ursprünglich als die in Mekka und Medina gesprochene Volkssprache anzusehen. Vollers Fragestellung berührt die immer noch ungeklärte Frage, ob es bereits vor dem Islam auf der arabischen Halbinsel eine Diglossie, ein Nebeneinander zweier sprachlicher Varietäten gab. Sie wurde 1911 von Theodor Nöldeke entschieden zurückgewiesen.

In kleineren Aufsätzen beschäftigte sich Alphonse Mingana in den zwanziger Jahren erneut mit der Frage der fremdsprachlichen Einflüsse, insbesondere mit den Einflüssen des Aramäischen auf die Sprache des Koran (Mingana 1927). Das Forschungsproblem als solches fand jedoch nur noch geringe Aufmerksamkeit. Die Arbeit von Arthur Jeffery über die Lehnwörter im Koran (1938) ist die letzte umfangreiche Untersuchung. Über Jahrzehnte wurden moderne sprachwissenschaftliche Ansätze in der Orientalistik nicht beachtet. Dabei ist die Erforschung von „Sprach- und Kulturkontakten" in der modernen Linguistik inzwischen weit fortgeschritten. Es wäre wünschenswert, diese bislang unberücksichtigten Forschungsansätze für die Untersuchung der frühesten arabischen Textzeugnisse aufzugreifen.

Der Erforschung der Textgeschichte des Koran, die einen zweiten Forschungshorizont darstellt, widmeten sich, aufbauend auf Nöldekes Grundlagenarbeit, Gotthelf Bergsträsser, Otto Pretzl (vgl. Bergsträsser/Pretzl 1938) und Arthur Jeffery (1938). Wichtige Ergebnisse sind im dritten Band der „Geschichte des Qor'âns" enthalten. Zum Forschungsfeld der koranischen Textgeschichte gehört die Geschichte der koranischen Lesarten und der Textvarianten des Korantextes, über die die islamischen Quellen berichten.

---

* Vgl. auch das Gespräch mit Gerd-Rüdiger Puin in diesem Buch.

Mit den Thesen von Patricia Crone und Michael Cook (1977), die die Entstehung des Islam nach Südpalästina verschoben und die Verankerung in Mekka und Medina als späteren islamischen Ursprungsmythos betrachteten oder der Hypothese John Wansbroughs (1977), der eine Redaktion des Koran für den Beginn des 9. Jahrhunderts angesetzt hatte, waren radikale Gegenentwürfe zur islamischen Textgeschichte vorgelegt worden. Auch Günther Lülings Studie zum Urkoran, die durch eine neue englische Übersetzung erneut Aufsehen erregte (Lüling 2003, vgl. auch die Rezension von Nicolai Sinai 2004), hatte eine Hypothese präsentiert, der zufolge der ursprüngliche Koran des Propheten auf judenchristlichen Strophenliedern beruhe, die der Prophet umgeschrieben habe und die dann von der späteren islamischen Tradition erneut abgewandelt worden seien.

In den Arbeiten von Angelika Neuwirth[*] steht ein Forschungsansatz, der den Koran als eine Folge von verschiedenen Diskursen versteht, die die Interaktion zwischen dem Propheten und seinen Hörern dokumentieren. Neuwirth greift für ihren Forschungsansatz die Chronologie der Suren auf, die Theodor Nöldeke ausgearbeitet hatte, anhand derer sie die diskursive Entwicklung zwischen dem Propheten und seiner entstehenden Gemeinde dokumentieren will. Der Koran reflektiert nach diesem Textverständnis den Verlauf einer mündlichen Kommunikation, die sich über einen Zeitraum von zwei Jahrzehnten erstreckte und dabei auch veränderte. Um dem Koran gerecht zu werden, müssen die sich entwickelnden Diskurse zwischen einem charismatischen Sprecher und seiner entstehenden Gemeinde beachtet werden.

Bei diesem Forschungsansatz ist zu bedenken, dass er, ohne die islamischen Exegesetradition hinzuzuziehen, anhand von literarischen Merkmalen eine Chronologie der Suren ermittelt und den Koran auf diesem Weg als eine historische Quelle für die intellektuelle Entwicklung betrachtet.

---

* Vgl. den Beitrag von Angelika Neuwirth in diesem Buch.

Christen, Juden und die Anfänge des Islam

Christentum und Judentum entwickelten ihre Lehren nicht unter direkter Beteiligung ihrer Gründungsfiguren Moses oder Jesus Christus. Für das Christentum wird man den Zeitraum des dritten bis zum fünften Jahrhundert (die Zeit Kaiser Konstantins und die ökumenischen Konzilien) als formierend ansehen. Auch das rabbinische Judentum hat in vielen Dingen erst nach der Zerstörung des Jerusalemer Tempels (70 n. Chr.) Merkmale angenommen, die bis in die heutige Zeit wirksam sind.

In der spätantiken Zeit standen Juden und Christen häufig in Konkurrenz zueinander. Die Christen betrachteten sich als das (wahre) auserwählte Volk, sie begründeten sich damit genauso, wie es traditionell-religiöses jüdisches Selbstverständnis war. In den zentralen christlichen Texten ist deshalb oftmals eine deutliche Bezugnahme auf das jüdische Erbe zu erkennen. Das Matthäusevangelium etwa enthält eine Fülle von expliziten Bezügen zur hebräischen Bibel, die im Zuge der Kanonisierung der Bibel zum Alten Testament des Christentums wird. Auch in anderen Bereichen, wie dem der Liturgie, scheinen Prozesse der Abgrenzung, der Emanzipation und der Polemik von großer Bedeutung gewesen zu sein.

Doch dies galt, wenn auch weitaus weniger, ebenso in umgekehrter Richtung. So hat beispielsweise Israel Yuval in einer Studie gezeigt, dass die Feier von Pessach und die Feier der christlichen Osternacht aufeinander eingewirkt haben, und bestimmte Elemente des jüdischen Ritus auf die christliche „Konkurrenzveranstaltung" zurückgehen (Yuval 1999). Fast könnte man behaupten, Juden und Christen existierten eine Zeitlang nebeneinander, ohne dass eine scharfe Grenze zwischen beiden Religionen sichtbar geworden wäre. Überspitzt ließe sich sogar sagen, Juden und Christen (avant la parole) benötigten die Bezeichnungen „Juden" und „Christen" um in Bezug aufeinander eine Trennlinie zu ziehen.

Für das Verständnis der Entstehung des Islam ist es genauso grundlegend, die historischen Kontexte zu kennen. Auch wenn vieles noch nicht hinreichend geklärt ist, kann man für die islamische Frühgeschichte die Anwesenheit jüdischer und christlicher

Gruppen als gesichert ansehen. In Mekka lebten Christen oder zumindest Angehörige christlicher Gruppierungen, in Medina verschiedene jüdische Stämme. Auf Abgrenzung abzielende Diskurse sind für die Entstehung des Islam, wie wir ihn heute beispielsweise in seiner sunnitischen Ausformung kennen, wie für jede neue Heilslehre, wichtig. Im Islam wird nicht zuletzt deshalb vehement das Bekenntnis zu einem strikten Monotheismus betont, der die Dreifaltigkeit Gottes, so wie sie die Konzilien der Kirche des 4. und 5. Jahrhunderts beschlossen hatten, ablehnt.

Nach traditioneller muslimischer Auffassung stellt Jesus Christus, der im Koran an zahlreichen Stellen genannt wird, lediglich einen Propheten dar, der mit Adam, Noah und Moses (und dem Propheten Muhammad selbst) in einer Reihe steht. Eine weitaus wichtigere Rolle spielt die Abgrenzung der entstehenden muslimischen Gemeinde, noch zu Lebenszeiten des Propheten, von den Juden in Medina. Grund hierfür ist, dass sie den Propheten Muhammad nicht als jüdischen Propheten anerkannt haben.

In den Jahrhunderten nach dem Tod des Propheten spielt die Auseinandersetzung für die Christen eine wichtige Rolle, denen die islamische Theologie als christliche Häresie erschien, da Muslime Christus einerseits als jungfräulich geborenen Sohn der Maria betrachten, die Gottessohnschaft jedoch bestritten wurde. Möglicherweise folgt die Wahrnehmung der islamischen Entstehungsgeschichte viel zu stark der traditionellen muslimischen Perspektive, die das Lehrgebäude des sunnitischen Islam in die Zeit des Propheten „zurückliest".

Viele Darstellungen der Entstehung des Islam folgen der orthodoxen islamischen Vorstellung von der arabischen Halbinsel als einer weißen Fläche, in der die letzte Offenbarung Gottes offenbar wird. Es ließe sich also überspitzt sagen, dass die Frühgeschichte jener religiösen Bewegung, die der Prophet anführte, ohne die Auseinandersetzung mit den Juden in Medina (die sich im Koran nachlesen lässt, in den so genannten medinischen Suren) eine andere gewesen wäre, möglicherweise auch der Inhalt der heiligen Schrift der Muslime.

Für die Ausformung eines theologischen Lehrgebäudes in den folgenden Jahrhunderten, vor allem während des achten und neunten Jahrhunderts, war die Auseinandersetzung mit dem Christentum, das während der ersten sechs Jahrhunderte in den meisten Ländern des Nahen Ostens die Bevölkerungsmehrheit bildete, prägend. An dieser Stelle sollte darauf hingewiesen werden, dass sich das politische und kulturelle Zentrum im 8. und 9. Jahrhundert von Mekka und Medina über Damaskus in den Irak hin verschob, in dessen Städten bedeutende christliche (meistens aramäischsprachige) Gemeinden ansässig waren.

Für die wissenschaftlichen Errungenschaften, z.b. der arabischen Medizin, Astronomie, Philosophie prägte der Orientwissenschaftler Carl Heinrich Becker den Satz „Ohne Alexander den Großen keine islamische Zivilisation" (Becker 1910). Die griechische Kultur war als Folge der Zeit Alexanders des Großen in den Städten des Orients verbreitet, ein Teil des griechischen Erbes, besonders die Naturwissenschaften und die Philosophie wurden von arabischsprachigen Intellektuellen während der abbasidischen Epoche rezipiert.

Parallel zu dieser Aussage könnte man mit Bezug auf die theologische Entwicklung des Islam formulieren: Ohne Christentum, und ohne Judentum keine islamische Theologie und Dogmatik. Mit einer solchen Zuspitzung soll nicht behauptet werden, dass der Ursprung des Islam in den anderen monotheistischen Überzeugungen liege, sondern vielmehr deutlich gemacht werden, dass die Interaktion der Ideen zwischen bereits ansässigen religiösen Gruppen und der neuen religiösen Bewegung berücksichtigt werden muss.

Ein Beispiel für die parallelen Interaktionen mag man in der polemischen Auseinandersetzung um die Entstehung des muslimischen Dogmas von der Unerschaffenheit des Koran sehen. Die philosophische Bewegung der Mu'tazila, die stark an die griechische Tradition anknüpfte, sah im Koran das erschaffene Wort Gottes. Während die Gegner, die sich in späterer Zeit durchsetzten, den Koran als das „ungeschaffene, vor Erschaffung der Welt bei Gott vorhandene" Wort Gottes betrachteten. Eben genau diese Diskussion erinnert an die christliche Dogmengeschichte, die in Christus das ungeschaffene Wort Gottes („erzeugt, nicht geschaffen, vor aller Zeit") sah. Analog zur Dogmatik der frühen Kirche, die in ihrer Theologie eine Christologie entwickelte, schien die islamische

Theologie anhand ähnlicher Fragen eine „Koranologie" dogmatisch zu verankern (Becker 1912).

Ebenso scheinen einige islamische Glaubensinhalte Vorstellungen der in der spätantiken Welt bedeutenden judenchristlichen Gruppierungen aufzunehmen. Nach der Kirchengeschichte des Theologen Adolf von Harnack (1851–1930) finden einige Dogmen judenchristlicher theologischer Strömungen (an der Peripherie der spätantiken Mittelmeerwelt) ihren Nachhall in islamischen Glaubengrundsätzen (die erste Gebetsrichtung nach Jerusalem, Speisebestimmungen, eine Prophetologie, die Jesus Christus als Propheten einschließt u.a.; vgl. zum Weiterleben judenchristlichen Gedankengutes im Islam auch einen soeben erschienenen Aufsatz von de Blois 2004).

Mit einer gewissen Berechtigung könnte man die Entstehung des Islam, die islamischen Anfänge, wenn nicht als Teil, so doch als Bestandteil oder Echo der spätantiken Kirchengeschichte lesen. Im Dialog zwischen Muslimen und Christen oder zwischen den christlichen Kirchenvertretern und islamischen Theologen scheint diese „gemeinsame Geschichte" oftmals übersehen zu werden. Der Islam als die nächste an Europa grenzende nichtchristliche Religion, als die „andere" Religion, steht also der jüdisch-christlichen Tradition Europas gar nicht so fern; im Gegenteil, er scheint in einigen Punkten einen Nachhall theologischer Debatten der spätantiken Welt zu beinhalten.

Reaktionen auf Luxenberg

Das bemerkenswerte öffentliche Interesse an Luxenbergs Buch dürfte mehrere Gründe haben. Mit dem Ende des Kalten Kriegs scheint der Westen die islamische Welt „entdeckt" zu haben, die durch ihre „mittelalterlich" anmutende Religiosität das säkularisierte Europa verunsichert. Ein Buch, das mit den Methoden der Philologie das „islamische Paradies" zu dekonstruieren versucht, erweckt in Zeiten, in denen das politisch gewendete Prinzip „islamischen Märtyrertums" weltpolitische Aufmerksamkeit erfährt, einiges Interesse. So ist die Zahl der Presseartikel über das bereits 2000 erschienene Buch seit September 2001 signifikant gestiegen.

Daneben dürfte das Interesse an Luxenbergs Buch auch darauf zurückgehen, dass es eine akademische Debatte ausgelöst hat, die einen ebenso sensiblen wie wahren Kern hat. Fragen nach der Textgeschichte des Koran, nach dem sprachlichen und kulturellen Einfluss, wie ihn der koranische Text dokumentiert, sind durch die Debatte an die Öffentlichkeit gedrungen. Auch wenn Luxenbergs Studie von einigen antiislamischen Internetforen genutzt wird, geht die hauptsächliche Aufmerksamkeit in seinem Kern auf das Interesse an einer kritischen Entstehungsgeschichte des Islam zurück. In der westlichen Orientalistik sind inzwischen einige Rezensionen der „Syro-Aramäischen Lesart" erschienen. Den wissenschaftlichen Rezensionen gingen dabei Presseartikel und Rundfunksendungen voraus. Es ist bemerkenswert, dass ein Buch mit dem spröden Titel „Die Syro-Aramäische Lesart des Koran" zu einem kleinen Bestseller geworden ist.

Die Bewertung von Luxenbergs Arbeit reicht von Euphorie, die in der Rezension von Horn und Phenix (2003) zum Ausdruck kommt, die in Luxenberg eine Art Heilsfigur sehen, durch die die ersehnte historisch-kritische Erforschung des Koran beginnen wird, bis hin zu Skepsis, wie sie in der Rezension von Hopkins (2004) oder die von de Blois (2003) deutlich wird, der die Syro-Aramäische Lesart als ein dilettantisches Werk betrachtet. Gilliot (2003) bewertet die Untersuchung ausgesprochen positiv. Insgesamt wird deutlich, dass die Fachwelt in ihrem Urteil also nicht einig ist.

Im Unterschied zu den Thesen von Günter Lüling, die von der Fachwelt im Grunde genommen ignoriert wurden, hat die Diskussion um Luxenberg jedoch weite Kreise gezogen. Eine Konferenz in Berlin im Januar 2004 (organisiert vom Arbeitskreis Islam und Moderne am Wissenschaftskolleg zu Berlin und der FU Berlin) widmete sich den Kontexten der Entstehung des Koran und brachte Spezialisten verschiedener für die islamische Frühgeschichte relevanter Disziplinen zusammen. Die kontroverse Diskussion der Luxenbergschen Thesen bildete ein wichtiges Thema – eine einstimmige Bewertung scheint allerdings zur Zeit noch nicht möglich zu sein.

Die Rezeption Luxenbergs in der islamischen Welt

Von einer breiten Rezeption von Luxenbergs „Beitrag zur Entschlüsselung der Koransprache" – so der Untertitel des Buches – in der islamischen Welt kann bislang keine Rede sein. Dies mag auch daran liegen, dass weder eine englischsprachige, noch eine arabische Übersetzung der Untersuchung vorliegt. Abgesehen von Zeitungsartikeln, die meistens auf englische Presseartikel wie z.B. einen Bericht auf der Titelgeschichte der New York Times (2.3.2002) Bezug nehmen und dem Verbot der englischsprachigen Zeitung Newsweek in Pakistan und Bangladesch, die in der Ausgabe vom 28.7.2003 einen Artikel über Luxenbergs Buch enthielt, und über das viele Zeitungen in islamischen Ländern berichteten, wurde keine öffentliche Auseinandersetzung geführt.

Im Anschluss an eine Konferenz, die die Konrad-Adenauer-Stiftung zur Erforschung des Koran in Beirut veranstaltete (über die der libanesische, in Englisch erscheinende Daily Star berichtete), erschienen in der in Beirut erscheinenden (schiitischen) theologischen Zeitung Al-hayyat at-tayyiba zwei Artikel über Luxenbergs Beitrag zur Koransprache. Der erste beinhaltet eine Art Zusammenfassung und Präsentation von Luxenbergs Ansatz in arabischer Sprache.

Der zweite Artikel enthält eine kritische Auseinandersetzung, die Luxenbergs Studie und seine Neudeutungen des Korantextes wohlwollend für bedenkenswert hält, aber generell die meisten Vorschläge kritisiert und für nicht akzeptabel hält. Gleichwohl bemerkt der Autor, der Luxenbergs Studie nur indirekt (über das Englische oder das Arabische) rezipiert, dass es notwendig sei, das Aramäische zur Deutung von koranischen Ausdrücken stärker zu gewichten. Zugleich bedauert der Rezensent, dass es nur sehr wenige Menschen gebe, die über gute Kenntnisse des Aramäischen verfügten und diese Kenntnisse in die Auslegung des Koran einbrächten.

In Iran erschien 2004 eine persische Übersetzung der negativen Rezension von de Blois in Tarjuman-e Wahy, einer Zeitschrift, die sich vor allem mit Koranübersetzungen beschäftigt. In der iranischen Zeitschrift Nashr-e Danesh erschien dagegen eine sehr umfangreiche Besprechung der Syro-Aramäischen Lesart, die auf die bisherige Koranforschung in Deutschland und die Forschungsgeschichte zum Problem der Sprache des Koran ausführlich eingeht (Kariminiya 2004). Große Aufmerksamkeit schenkt die Rezension ebenfalls der wissenschaftlichen Diskussion um die Thesen Luxenbergs.

Einen großen Teil nimmt die Erklärung von Begrifflichkeiten und Termini der Linguistik und des Syrischen ein. Ebenso wie unter vielen westlichen Orientalisten, so ist scheinbar auch unter arabischen und persischen Intellektuellen das Wissen um eine syrische bzw. aramäische Sprache wenig verbreitet. Da das Aramäische bzw. Syrische in der Regel nur noch von Christen verwendet wird, scheint es sich unter Muslimen um eine nahezu unbekannte Sprache zu handeln. Christen und Muslime wissen, auch wenn sie in den Ländern des Nahen Ostens nebeneinander leben, anscheinend nur wenig von der jeweils anderen Tradition.

Die erwähnte persische Rezension zeigt sich jedoch sehr bemüht, notwendige Grundbegriffe zu vermitteln. Abschließend äußert der iranische Rezensent sein Befremden darüber, dass trotz einer mündlichen Tradition, die über die Überliefererketten bis in die Zeit des Propheten zurückreiche, Vorstellungen wie die von den Paradiesjungfrauen auf Verlesungen des Textes zurückzuführen seien.

Abgesehen von den erwähnten Rezensionen sind keine weiteren (wissenschaftlichen) Rezensionen aus der islamischen Welt bekannt. Die Kluft zwischen islamischer und westlicher Orientforschung trägt natürlich hier zur Sache bei. Auch an europäischen Universitäten dürfte die Zahl von Wissenschaftlern vom Format eines Theodor Nöldeke, der sowohl das Arabische, Hebräische, Aramäische und Äthiopische überblickte, äußerst gering sein.

Es scheint so, als habe sich ein ganzes Forschungsgebiet, das im 19. Jahrhunderts als ein Ganzes gesehen wurde, im 20. Jahrhundert aufgelöst. Die Beschäftigung mit der frühislamischen Epoche und dem vorkanonischen Korantext würde eine Art von fachlicher Defragmentierung erforderlich machen.

Schlussbetrachtung

Christoph Luxenbergs umstrittene Syro-Aramäische Lesart hat in Erinnerung gerufen, dass einige Forschungsprobleme, die die Textgeschichte des Koran betreffen, offen geblieben sind. Das gesellschaftliche, kulturelle und religiöse Umfeld in Mekka und Medina war in der Forschung zwar stets Gegenstand kontroverser Diskussionen. Und durch die Arbeiten von Wansbrough, Crone und Cook waren gegen Ende der siebziger Jahre des 20. Jahrhunderts erstmalig radikale Gegenentwürfe zur islamischen Textgeschichte präsentiert worden.

Studien zur Textgeschichte des Koran, vergleichbar mit den historisch-kritischen Ansätzen für die christlichen und jüdischen Texte, waren jedoch seit dem Zweiten Weltkrieg aus dem Blickfeld der Forscher verschwunden. Fragen zur Geschichte der verschiedenen Lesarten des Koran und zur Textüberlieferung in den Manuskripten, die von Nöldeke und seinen Schülern systematisch angegangen worden waren, wurden nicht weitergeführt.

Die Problematik fremdsprachlicher Einflüsse auf den Koran und die Bedeutung der Interaktion zwischen Juden, Christen und möglicherweise judenchristlichen Gruppen für die Anfänge der islamischen Religion wurden nicht weiterverfolgt. Aufgrund der Einteilung der Fächer an den Universitäten und aufgrund der Diversifizierung und Spezialisierung der einzelnen orientalistischen Fächer, dürfte die Zahl von Wissenschaftlern, die die zur Erforschung notwendigen Quellen und Sprachen beherrschen, inzwischen sehr überschaubar sein.

Es ist eine tragische Entwicklung, wenn sich Arabisten, Judaisten, Aramaisten, Historiker, Theologen und Sprachwissenschaftler mit dem Zeitraum zwischen dem 5. und dem 9. Jahrhundert beschäftigen und jeder nur den jeweiligen Ausschnitt seines Faches im Nahen Osten verfolgt, ohne den Austausch und die Interaktion zwischen den einzelnen, heute zu akademischen Einzelfächern erstarrten gesellschaftlichen Gruppen, Kulturen und Sprachen zu beachten. Doch auch der Austausch zwischen islamischen und westlichen Forschern ist gering.

Dieser ohnehin geringe Austausch zwischen islamischer und

nicht-islamischer Koranforschung hat auch durch Luxenbergs Buch bislang nicht zugenommen. Zwar erschienen in Iran und im Libanon zwei ausführliche Besprechungen des Buches, von einer breiteren Rezeption oder von Anstößen für islamische Theologen kann aber zurzeit keine Rede sein. Zu verschieden sind die Methoden und Herangehensweisen, die sprachliche Barriere tut das weitere.

Wenn auf Englisch verfasste Arbeiten von Orientalisten gelegentlich rezipiert werden, so ist die Rezeption deutschsprachiger Forschungsarbeiten um ein Vielfaches geringer.

Abgesehen von der fehlenden Berührung zwischen östlicher und westlicher Forschung wiegt bei der Beschäftigung mit der formativen Zeit des Islam noch schwerer, dass oft andere religiöse, kulturelle und sprachliche Traditionen, die auf der Halbinsel präsent waren, kaum in die historische Bewertung mit einbezogen werden. Dabei dokumentiert schon die polemische Auffassung des Islam als einer christlichen Häresie eine Erinnerung an vernetzte Lebenswelten zwischen Juden, Christen oder Judenchristen und Muslimen in der Zeit der Gemeindebildung. Eine Wahrnehmung der islamischen Entstehungsgeschichte unter Einbeziehung christlicher Anteile scheint eine implizit in Luxenbergs Syro-Aramäischer Lesart enthaltene Forderung zu sein.

Zur Archäologie einer Heiligen Schrift
Überlegungen zum Koran vor seiner Kompilation

Von Angelika Neuwirth

Ein hoffnungsloses Chaos in der Koranforschung?

In unserer Zeit, in der der Islam und mit ihm der Koran allmählich aus dem Halbschatten des Exotischen heraustritt und als Teil unserer gesellschaftlichen Realität Konturen annimmt, verwundert es nicht, dass sich auch die Koran-Forschungslandschaft neu bevölkert und methodisch diversifiziert. Nicht, dass wir bereits von einer kritischen Koranforschung nach dem Modell der Biblistik sprechen könnten – aber eine deutliche Skepsis gegenüber dem bis in die siebziger Jahre noch dominanten traditionellen Ansatz ist unverkennbar.

Zwei neue Forschungsansätze stellen, summarisch betrachtet, die von der islamischen Tradition überlieferte Darstellung der Korangenese infrage, die lange Zeit als weitgehend gesichert galt. Sie stellt die Koranentstehung als ein einzigartig rasch von Erfolg gekröntes Unternehmen dar: Die von dem charismatischen 'Prediger' Muhammad zwischen 610–632 einem zumeist heidnischen Publikum in Mekka, seit 622 in Medina, verkündeten göttlichen Offenbarungen wurden bereits circa 20 Jahre nach seinem Tod durch den Kalifen 'Uthman um 655 zu einem für die Glaubensgemeinde autoritativen corpus gesammelt.

Mag diese erste offizielle Kodifizierung auch aufgrund der vielfach mehrdeutigen Schrift noch provisorisch gewesen sein, so wurde sie doch durch eine verlässliche mündliche Tradition abgesichert, bis die Textgestalt durch eine Orthographiereform eindeutig fixiert werden konnte. Der Koran – eine Botschaft an die Heiden, die bereits innerhalb von nur 22 Jahren zur Gründung einer neuen Religion geführt hat? Eine Schrift, die kurze Zeit nach dem Tode des Gründers fixiert wurde und uns authentisch erhalten ist?

Dieser Position trat bereits 1974 Günther Lüling („Über den Ur-Qur'an") mit der These entgegen, der uns überlieferte Korantext sei keineswegs authentisch, vielmehr liege ihm als „Urtext" eine Sammlung christlicher Hymnen in einem dialektalen Arabisch zugrunde, die aufgrund der mehrdeutigen altarabischen Schrift missverstanden und später – von unbestimmten Akteuren – zu dem uns vorliegenden Koran umgeschrieben worden seien. Lüling geht von einem häretisch-christlichen Hintergrund des Koran aus und nimmt einen Bruch in der Tradition mit der Expansionsbewegung an. In einem großen neuen Wurf zeichnete 1977 John Wansbrough („Qur'anic Studies. Sources and Methods of Scriptural Interpretation") wieder ein neues Bild von der Korangenese: In Analogie zur Entstehung anderer kanonischer Schriften sei der Koran erst mehr als ein Jahrhundert nach dem Auftreten des Propheten kodifiziert worden. Er gehe auf eine frühestens im 9. Jahrhundert erfolgte Kompilation anonymer südirakischer Gelehrter zurück, die versprengte Logia des charismatischen Religionsstifters in polemisch-apologetische Diskussionen aus ihrem eigenen synkretistischen Milieu eingebettet hätten. Ein genuin arabischer Koran zwar, der aber die – erst späte – Entstehung einer islamischen Gemeinde aus einem nicht heidnischen, sondern judenchristlichen Milieu dokumentiere. Eine Modifikation dieser These, nach welcher der Koran auf eine messianische Bewegung im gleichfalls synkretistischen Palästina zurückgeht, vertraten noch im selben Jahr 1977 Patricia Crone und Michael Cook („Hagarism"). Auch in ihrer Sicht ist das islamische Geschichtsbild nicht mehr als ein heilsgeschichtliches – und damit als historische Quelle wertloses – Konstrukt.

In neuester Zeit hat nun Christoph Luxenberg mit seinem 2000 erschienenen Buch „Die syro-aramäische Lesart des Koran" den Lülingschen Ansatz wieder aufgegriffen und von neuem die Rekonstruktion eines vor-islamischen christlichen Korantexts, nun eines Lektionars, unternommen. Er argumentiert sprachgeschichtlich:

Das von ihm postulierte Lektionar, auf dem der Koran beruht, sei eine in einem literarisch noch unausgebildeten Arabisch abgefasste Übersetzung aus dem Syrischen, die lexikalisch, syntaktisch und morphologisch so stark mit kirchensyrischen Elementen durchsetzt war, dass man bei ihr von einer mit den Regeln des klassischen Arabisch nicht zu erfassenden syro-arabischen Mischsprache zu sprechen habe.

Dieser Text sei durch die arabische Expansionsbewegung von seinem synkretistischen Entstehungsmilieu abgelöst worden, so dass seine sprachliche Hybridität für die neue und rein-arabischsprachige Elite des Frühislam nicht mehr verständlich gewesen sei. Bei Luxenberg also ein rein christlicher Urtext, der – auf eine nicht weiter reflektierte Weise – zu einem islamischen Text umgeschrieben worden sei.

Die Provokation des Luxenbergschen Buches beruht, so Nicolai Sinai „zu einem wesentlichen Teil darauf, dass er das alleinige Deutungsmonopol der Arabistik über den Koran bestreitet: Ohne profunde Kenntnis des nicht-arabischen religiösen Schrifttums der Spätantike kann man der historischen Situation, aus welcher der Koran hervorgegangen ist, kaum gerecht zu werden hoffen. In eins mit dieser berechtigten Kritik beansprucht Luxenberg selbst jedoch ein analoges Interpretationsmonopol, wenn er behauptet, der Koran könne allein mit syrischer Sprachkenntnis richtig entschlüsselt werden".

Gegen die vereinfachende Illusion eines hermeneutischen Generalschlüssels zum Koran hilft nur die Aufarbeitung des bestehenden Forschungsdefizits: es gilt „von außen", historisch, das kulturelle und religiöse Umfeld in seiner ganzen Komplexität sichtbar zu machen. Es gilt aber auch, den Gegenweg einzuschlagen und den Koran selbst – zwar nicht als historisch unmittelbar auswertbare Quelle, aber doch – als literarisch-kodierte Aussage über seine Zeit und über seine eigene Genese ernst zu nehmen.

Denn was alle erwähnten neueren Ansätze verbindet, ist ihre Indifferenz gegenüber dem uns überlieferten Korantext als Spiegel einer Gemeindebildung. Wansbrough trimmt den Koran auf eine Art „islamische Mischna" hin, eine gelehrte Kompilation von Exegeten; Lüling versucht, einen christlichen „hymnischen Urtext" wiederherzustellen, Luxenberg sucht ein christliches Lektionar.

Alle müssen dazu einzelne koranische Texttypen ausblenden: Wansbrough basiert seine These auf polemisch-apologetische Texte; er muss die sich im Koran selbst reflektierende Entwicklung, wie sie sich im Wandel der Wahrnehmung von Juden und Christen oder auch des Selbstbilds des Propheten vollzieht, ignorieren, da eine Entwicklung nicht mit einer von gelehrten Autoren intendierten – bibel-exegetischen – Kompilation vereinbar ist.

Lüling stützt sich auf hymnische Texte, ohne sich um eine Erklärung der übrigen Texttypen zu kümmern. In Luxenbergs Lektionar-These passen weder polemisch-apologetische, noch legislative Texte. Alle drei Autoren können daher an einer mikrostrukturellen Lektüre des Koran als ganzem nicht interessiert sein, sie wählen willkürlich einzelne Textgattungen aus und extrapolieren aus deren Untersuchung Ergebnisse für den gesamten Koran.

Was ergibt sich, wenn man ohne einen „hermeneutischen Generalschlüssel", ohne eine vorweg eingenommene judenchristliche oder christliche Ausgangsposition an den Koran herangeht? Selbst wenn man – wie die 'Revisionisten' beider Lager es tun – die gesamte islamische Tradition infragestellt, steht die Koranforschung doch vor der Aufgabe, die beiden für die Islamgenese formativen großen Entwicklungen: die Entstehung der Gemeinde und die im Koran vereinigte Ansammlung von Texten mit kanonischer Autorität, in eine sinnvolle Beziehung zu setzen.

Dieser Aufgabe weichen alle genannten Forscher aus, gravierender: sie blockieren sich selbst den Zugang zu ihr, da sie die Textbasis zu diesem Untersuchungsschritt vorschnell als heilsgeschichtliches Konstrukt oder gar als Fälschung verwerfen. Der Koran mit seinen verschiedenen Textsorten ist aber, bevor man ihn als 'verfälscht' disqualifiziert, auf seine Beziehung zu der – in der Tradition als parallel zum Textwachstum laufend präsentierten – Gemeindebildung zu untersuchen.

Denn wenn dieser Untersuchungsschritt auch nicht direkt Licht auf alle von der 'revisionistischen' Koranforschung aufgeworfenen Fragen, etwa betreffend die linguistische Situation im Umfeld des Koran, die Frage der Prädominanz der schriftlichen oder der mündlichen Tradition u.a. werfen kann, so ist er doch unverzichtbar, insofern er die konfessionelle Rahmensituation, die Entwicklung des Selbstbildes des Propheten und das sich wandelnde Verhältnis zu Juden und Christen beleuchtet.

Zugleich werden positive Erweise einer solchen Beziehung ein schwer wiegendes Argument zugunsten der dem Koran so oft bestrittenen Relevanz als historischer Quelle darstellen, ein Argument für die Authentizität des Koran, das wiederum als Plädoyer für eine Neuaufnahme der seit Wansbrough diskreditierten historisch-kritischen Koranforschung gelten kann.

Was lässt sich aus dem Koran über die Hörer herauslesen?

Ganz äußerlich gibt sich der Koran als Kommunikation zu erkennen: ein 'ich' oder 'wir' spricht zu einem 'du'. Diese Gesprächssituation gilt für fast alle koranischen Texte, einige wenige kurze Suren ausgenommen. Das angesprochene 'du' ist seinerseits in eine Kommunikation eingebunden, es soll die erhaltenen Mitteilungen an ein Hörerkollektiv, ein 'ihr' oder ein 'sie' weitergeben. Wir erfahren sogar etwas über die Akzeptanz dieser Weitervermittlung der Rede bei den Hörern, wenn es etwa heißt: (53.59ff) „Wundert ihr euch etwa über diese Botschaft/ lacht ihr über sie, statt zu weinen/ werft euch vor Gott nieder und betet ihn an!" – Offenbar war das, was wir heute als Korantext vor uns haben, einmal lebendige Kommunikation.

Der Kommunikationsprozess, um den es uns im folgenden gehen soll, nämlich der horizontale zwischen dem Übermittler-du, und seinen Hörern, ist uns zwar nicht direkt überliefert, er wird aber aus dem anderen – von den Muslimen vertikal, zwischen dem 'ich' Gottes und dem Propheten laufend vorgestellten – Kommunikationsprozess erkennbar.

In etwas lockerer Ausdrucksweise könnte man die Aussagen des Koran mit einem zur Hälfte mitgehörten Dialog, zugespitzt: mit einem mitgehörten Telefongespräch vergleichen, bei dem man zwar direkt nur eine Person, nämlich den Sprecher hört, durch das man aber indirekt auch über das soziale Leben des Angesprochenen ausführlich informiert wird. In dem 'ich'-'du'-Gespräch geht es ja weitgehend um bereits abgelaufene Gesprächssituationen zwischen dem Propheten-'du' und seinen Hörern – oder auch um solche, die in der Zukunft stattfinden werden, eingeleitet etwa durch: „wenn sie sagen..., dann sprich..." Man hat im Koran auf weite Strecken Streitgespräche oder doch Simulationen von zu erwartenden Streitgesprächen vor sich.

Natürlich ist nicht der gesamte Koran Gespräch im engen Sinne, es werden auch Mitteilungen als Referate aus einer bereits vorliegenden Schrift gekennzeichnet: so wird etwa in Sure 19.16 eine biblische Geschichte, die von Maria, durch die Formel: „Gedenke in (dem Ausschnitt aus) der Schrift Mariens" eingeleitet. Ganz offenbar wird zwischen der spontanen Mitteilung und einem bereits festen (himmlischen) Text unterschieden.

Wir haben im Koran also zwei Arten der Kommunikation vor uns: zum einen eine situationsgebundene, noch im Fluss befindliche Kommunikation und zum anderen die Weitertradition von bereits zu kanonischen Schriften erstarrten Texten, im Allgemeinen biblischen. Auch diese 'festen' Texte werden wieder zur 'fließenden' Mitteilung an die Hörer. Am Ende der koranischen Entwicklung werden sich beide Arten der Kommunikation angleichen: Die situationsgebundene Kommunikation zwischen Sprecher und Gemeinde wird einen ähnlich kanonischen Status wie die koranischen Referate aus der „Schrift" erreichen, das Propheten-'du' wird dann bereits in einem Atemzug mit Gott selbst – in der festen Konstellation „Gott und sein Gesandter" – genannt.

Zugleich erhält die Heilsgeschichte der Juden und Christen, der „Leute der Schrift", am Ende der koranischen Entwicklung eine 'muslimische' Fortsetzung, sie wird um die Geschichte der sich herausbildenden Gemeinde erweitert, wenn etwa in Sure 8 in deutlicher Anlehnung an die Exodusgeschichte von der wunderbaren Errettung der Kämpfer Muhammads vor einem übermächtigen Feind in der Schlacht von Badr berichtet wird.

Nicht erst in der nachkoranischen islamischen Theologie steht die kanonische Autorität des Koran als ganzem fest – die Entwicklung des Textes selbst liefert ein klassisches Beispiel für den von Aleida Assmann beschriebenen Prozess einer 'Kanonisierung von unten'.

Reflexe einer liturgischen Entwicklung im Koran

Nun manifestiert sich die Entwicklung einer Gemeinde aber nicht allein in der Kommunikation zwischen einem charismatischen Führer und seinen Hörern, sondern vor allem in performativen Kontexten, in der Liturgie und besonders in liturgischen Neuerungen. Gehen wir einmal den Spuren von solchen liturgischen Neuerungen im Koran nach:

Es ist interessant, dass in der mittelmekkanischen Sure 15 – folgt man der klassischen Periodisierung der Suren durch Theodor Nöldeke – das für frühere Fromme geläufige Wort *ibad* – Gottesdiener – zum ersten Mal zur Bezeichnung der zeitgenössischen Hörer eines Korantexts auftritt. Die zeitgenössischen *ibad*, die in der Sure des öfteren direkt angesprochen sind, spielen auch in einer in der Sure enthaltenen Erzählung von der Verfluchung des Satans eine wichtige Rolle.

Die auf apokryphen Quellen basierende Erzählung ist bekannt: Der Satan hat sich dem Auftrag Gottes, sich vor dem neu erschaffenen Adam niederzuwerfen, widersetzt und wird verflucht. Er bittet sich aber eine Frist aus, in der er die Menschen mit Verführungskünsten, vor allem durch die Überhäufung mit irdischen Gütern, auf die Probe stellen will. Gott stimmt zu, doch nimmt er 'seine Diener' von der Prüfung aus: „Nur über meine Diener hast du keine Gewalt".

Die Geschichte ist für die Gegenwart erzählt: Während die reichen und daher mächtigen Ungläubigen ihre soziale Vorrangstellung offenbar den Ränken des Satan verdanken, beweist gerade die Ohnmacht der Gläubigen ihren Vorrang bei Gott. Sie sind bereits in der Präexistenz zu Erwählten Gottes erkoren worden. Die auch später noch mehrmals erzählte Geschichte zielt in dieser frühen Sure offenbar darauf, die in der Gegenwart bedrängten Gläubigen gegenüber den Ungläubigen als die letztlichen Gewinner zu erweisen.

Mit Sure 15, in der also zum ersten Mal von den zeitgenössischen Gläubigen als *ibadi* – „meine Diener", man könnte übersetzen: „meine Gemeinde" – gesprochen und dieser Gemeinde ein bereits in der Präexistenz beschlossener Erwählten-Status zugewiesen wird, haben wir ganz offensichtlich einen ersten Wendepunkt der koranischen Entwicklung vor uns.

Denn dieselbe Sure enthält im Kontext einer Prophetentröstung auch den vieldiskutierten Vers: „Wahrlich wir gaben dir sieben Wiederholverse (mathani) und den gewaltigen qur'an." Versteht man, wie zumeist angenommen, mathani, ein hebräisches Lehnwort, das etwas wie 'Wiederholtes, Wiederholungen' bedeutet, als Hinweis auf die erste Sure, die Fatiha, dann erhält der Vers eine wichtige liturgiegeschichtliche Aussage.

Er konstatiert das Vorliegen eines liturgischen Textes, der die Basis für eine Gemeindeliturgie legt. Die Fatiha ist die einzige Sure, in der ein Gemeinde-'wir' statt des göttlichen 'ich'/'wir' spricht, sie ist das wichtigste Element des islamischen Gebetsritus. Analog zu den Liturgieanfängen im jüdischen Synagogengottesdienst und im christlichen Kirchengottesdienst beginnt sie mit einem Gotteslob, an das sich Bitten anschließen. Sie figuriert im islamischen Gebetsritus mehrfach, jeweils als Eröffnung der beiden kurzen Koran-Rezitationen, die für das Gebet obligatorisch sind.

Angesichts ihrer besonderen Struktur als Gemeinde-Gebetstext liegt es auf der Hand anzunehmen, dass die Fatiha bereits während des Wirkens Muhammads eine zentrale Rolle in der Liturgie gespielt hat. Bei dieser Deutung könnte – wie Matthias Radscheit vorschlägt – die zweite in dem oben zitierten Vers erwähnte Errungenschaft *al-qur'an al-'azim*, „der gewaltige Koran", dann die in der Gebetsliturgie auf die Fatiha folgende Lesung aus dem Koran meinen.

Liest man Sure 15 genau, so findet man immer wieder eingestreute Verweise auf den Text der Fatiha: Der Schlussvers: *Fa-sabbih bi-hamdi rabbika* „Lobpreise deinen Herrn", nimmt nicht nur das Anfangswort der Fatiha, *al-hamdu li-llah*, auf, sondern vielleicht auch ihren alten Namen, der *al-hamd*, „Lobpreis", lautete. Zweimal findet sich *rabb al-'alamin*, „Herr der Welten", aus dem ersten Vers der Fatiha, und auch vom *sirat mustaqim*, vom „geraden Weg" ist noch einmal die Rede.

Diese und weitere Anspielungen auf die Fatiha passen zu der triumphalen Feststellung „Wahrlich wir gaben dir sieben Wiederholverse und den gewaltigen *qur'an*", die damit als Signal, dass nunmehr ein Gemeindegebet flankierend zu den Rezitationstexten vorliegt, zu verstehen ist. Sure 15, in der auch zum ersten Mal eine biblische Erzählung, die von Abraham und Lot, erzählt wird, markiert offenbar die Wende von den vorher prioritär eschatologisch geprägten Suren hin zu neuen, nun auf die Schrift, die Banu Isra'il, die Israeliten, und das Heilige Land fokussierten Texten.

Der Paradigmenwechsel wird von einer weiteren liturgischen Neuerung begleitet: In Sure 17.1 heißt es: „Gepriesen sei der seinen Diener des Nachts reisen ließ von der Heiligen Kultstätte zur Fernen Kultstätte, die wir ringsum gesegnet haben, damit wir ihm von unseren Zeichen zeigen. Wahrlich, er ist der Hörende, der Sehende".

Der Vers ist der einzige im Koran, der eine direkte, lebensgeschichtliche Verbindung zwischen Muhammad und dem *masjid al-aqsa*, „der fernen Gebetsstätte", die der wahrscheinlichsten Deutung nach der Jerusalemer Tempel ist, herstellt. Der Vers scheint mit der Einführung der Gebetsrichtung nach Jerusalem verbunden zu sein. Er wird verständlich, wenn man sich die hier in Anspielung mitgeteilte nächtliche Traumversetzung Muhammads vom mekkanischen Heiligtum nach Jerusalem als eine imaginierte Nachzeichnung der von der Gebetsrichtung angezeigten Richtung erklärt.

Die Verbindung der Sure zum Gebet und damit zur Idee der Gebetsrichtung wird durch eine Fülle von Kurzzitaten aus der Fatiha wie auch Anweisungen zu liturgischen Handlungen, etwa den zum Gebet gehörigen *takbir*, die Formel *Allahu akbar*, auszusprechen, in der Sure nahe gelegt. Vor allem wird die für das muslimische Gebet substantielle Vorstellung von einem Austritt aus dem realen Raum und dem Eintritt in einen anderen, imaginären Raum zur Sprache gebracht – diese später mit *tahrim* bzw. *tahlil* bezeichnete Grenzüberschreitung zwischen realer und transzendenter Welt ist das wohl markanteste Kennzeichen des islamischen Gebets.

Mit Sure 17, die diese Elemente des Gebets thematisiert, ist also ein weiterer Fortschritt in der Liturgieentwicklung und damit in der Selbstdarstellung der Gemeinde erreicht.

Diese neue Orientierung drückt gestisch eben das aus, was nun textuell die weiteren Suren prägen wird: das Bestreben der Gläubigen, sich in den Kontext einer gemeinsamen Heilsgeschichte mit den früheren Schriftbesitzern zu stellen. Fast alle Suren der so genannten mittelmekkanischen Periode enthalten ausführliche Wiedergaben biblischer Erzählungen, die zumeist in der Mitte der Sure stehen, umgeben von dialogischen Passagen wie Gotteslob, Apologetik, Polemik oder Prophetentröstung.

Die Suren reflektieren also bereits in ihrer Struktur den Aufbau eines Standardgottesdienstes in Synagoge oder Kirche, bei dem ebenfalls die Schriftlesung im Zentrum steht. Ganz offensichtlich sind Sprecher und Hörer zu dieser Zeit in einem deutlich jüdichchristlich geprägtem Umfeld vorzustellen, in dem aber eine heidnische soziale Elite politisch den Ton angibt. Die koranische Polemik richtet sich lange Zeit ausschließlich gegen Heiden, erst in spätmekkanischer Zeit werden einzelne jüdische und christliche Glaubensinhalte kritisiert.

Religionspolitische Revisionen

Aber nicht nur an Liturgie-Verweisen, auch an religionspolitisch motivierten Textrevisionen lässt sich eine Gemeindebildung ablesen. Bereits bei einer konventionellen literarkritischen Analyse des Koran fällt auf, dass eine große Zahl von Suren nachträglich durch Interpretamente erweitert worden ist. Solche späteren Texterweiterungen, etikettiert als „medinische Zusätze" werden auch in der islamischen Traditionsliteratur registriert, ihre dortige Identifikation beruht allerdings auf Kriterien, die kritischen Maßstäben nicht standhalten, die entsprechenden Nachrichten sind daher ohne Rücküberprüfung nicht brauchbar.

Erkennbar sind diese Zusätze an ihrer stilistischen Differenz zum Basistext, an ihrer stets größeren Verslänge, an auffälligen phraseologischen Wendungen und an ihrer exegetischen Funktion, die ihnen den Charakter eines Metatexts verleihen. Interessant ist, dass sie sich oft extratextuellen Kriterien, der Notwendigkeit, soziale Herausforderungen zu parieren, verdanken, dass sie also die Entwicklung nicht des schriftlich dokumentierten Koran, sondern des vor-redaktionellen Kommunikationsprozesses reflektieren.

So wird in der als frühmekkanisch eingeordneten Sure 73 eine liturgische Forderung durch einen – offenbar medinischen – Zusatz zurückgenommen. Der Text beginnt mit der Aufforderung zur Abhaltung von Vigilien: „Du, der du dich einhüllst/ steh fast die ganze Nacht/ – die Hälfte oder etwas weniger/ oder mehr – und trag den Koran in Rezitation vor!"

Der letzte im Verhältnis zu den übrigen Versen etwa zehnmal längere, in Prosa formulierte Vers der Sure nimmt diese Anordnung für eine Gruppe von Gläubigen, nämlich die Kranken und die mit Handel oder Kriegführung Ausgelasteten, zurück und empfiehlt Koranrezitation nach Maßgabe des den Betroffenen Zumutbaren: „Dein Herr weiß, dass du fast zwei Drittel der Nacht stehst, die

Hälfte oder ein Drittel, und auch eine Gruppe derer, die mit dir sind. (...) Er wusste, dass unter euch Kranke sein würden, andere, die im Land umherreisen und dabei nach Gottes Gabenfülle trachten, und andere, die auf Gottes Weg kämpfen. So tragt vor, was leicht fällt vom Koran (...)".

Der schon bekannte Text mit der Aufforderung zur Vigil wird formal nicht verändert. Um jedoch seine gesetzgeberische Wirkung aufzuheben, erfolgt ein Nachtrag, der der Situation der späteren – medinischen – Gemeinde mit ihren besonderen innerweltlichen Verpflichtungen Rechnung trägt.

Noch aussagekräftiger für die Gemeindeentwicklung sind exegetische Erweiterungen von koranischen Erzählungen. In der mekkanischen Sure 20 wird eine lange Moses-Erzählung zunächst rein narrativ entfaltet, um später durch eine theologische Auslegung erweitert zu werden. Es ist die besondere Episode des Goldenen Kalbes, die als einzige der zahlreichen Geschichten aus dem Leben des Moses eine solche exegetische Erweiterung erfährt. Wie ist sie begründet?

Die Geschichte des Moses wird den Hörern in Mekka siebenmal erzählt, ohne dass dabei die sich mit dem Goldenen Kalb verbindende gravierende Verfehlung der Idolatrie eine herausragende Rolle spielte. Die Episode kommt nur zweimal, unauffällig, in Sure 20 und Sure 7, zur Sprache. In beiden Suren erhält die Episode des Goldenen Kalbes durch einen späteren Zusatz eine theologisch überraschende neue Spitze.

Die uns hier allein interessierende ältere Version findet sich in Sure 20. Hier geht das Ereignis für die – in Moses kurzer Abwesenheit – dem Götzendienst verfallenen Israeliten überraschend glimpflich aus: die Schuld für die Abtrünnigkeit von dem einzigen Gott wird einer biblisch unbekannten Figur, al-Samiri angelastet, Gott versöhnt sich schnell wieder mit den Israeliten, und die Episode kann mit einer hymnischen Preisung Gottes schließen.

Diese versöhnliche Tendenz steht in krassem Gegensatz zu der traditionellen jüdischen Bewertung der Episode, die sich in dem Talmudwort ausdrückt: „Es gibt wohl kein Unglück, das über Israel hereingebrochen ist, das nicht mit dem Goldenen Kalb in Verbindung stände". Es verwundert umso mehr, dass ein später hinzugefügter Passus, 20: 80-82, den Zorn Gottes beschwört: „Ihr Israeliten (...) handelt nicht gesetzlos, sonst geht mein Zorn auf euch nieder, auf wen mein Zorn niedergeht, der stürzt/ Ich bin voller Vergebung für den, der umkehrt, glaubt und Gutes tut und sich leiten lässt".

Der Passus verrät seine spätere Hinzufügung durch die direkte Anrede – Ya bani Isra'il, „Ihr Israeliten", die nicht an die in der Geschichte thematisierten altisraelitischen Akteure, sondern an mit den Hörern zeitgenössische Juden gerichtet ist. Für jüdische Hörer besitzt die berichtete Episode vom Goldenen Kalb besonderes Gewicht, denn ihnen ist sie nicht nur durch die Schrift, sondern auch durch die Liturgie eines hohen Feiertages, des Versöhnungstages, Yom Kippur, vermittelt, wo sie als der eigentliche Erste Sündenfall eine zentrale Rolle spielt.

Ein Koranvortrag, der jüdische Hörer einbeziehen wollte, hatte dieser Gewichtung Rechnung zu tragen. Die in die mekkanische Erzählung eingefügten medinischen Verse 20:80–82 sprechen die jüdischen Hörer direkt an und mahnen sie, nach der Sünde der Idolatrie ihrer Vorväter ihrerseits der Rechtleitung zu folgen. Bemerkenswert ist, dass der Koran dazu auf bestimmte biblische Verse rekurriert, die für die Versöhnungstags-Liturgie und nur für sie von besonderer Bedeutung sind.

So wird am Yom Kippur mehrmals der Passus Exodus 34:6–7 rezitiert, der als Aufzählung der Eigenschaften Gottes kurz als „die Dreizehn Eigenschaften", *shalosh 'esre ha-middot*, bekannt ist. Er lautet: „Der Herr, der Herr, der barmherzige und großmütige, der geduldige und gütige, der gute und wahrhaftige, der seine Gnade tausenden schenkt, der Sünde vergibt und Übertretung, der die Ungerechtigkeit der Väter bei den Kindern heimsucht und den Kindeskindern bis in die dritte und vierte Generation".

In der koranischen Reprise dieser Version ist die Härte der göttlichen Strafe gemildert, die Reminiszenz der „Dreizehn Eigenschaften" ist in dem auf Zorn und Barmherzigkeit Gottes zielenden Passus 20.82–83 dennoch unverkennbar. Die Vermittlung dieses Textes an den Koran kann kaum anders als aus einem lebendigen Austausch von Mitgliedern der Gemeinde und jüdischen Hörern um die Bedeutung der biblischen Geschichte erklärt werden.

Die islamische Tradition hält sogar einen situativen Rahmen für die muslimische Entdeckung des hohen jüdischen Feiertags bereit. Einer auf den Prophetenneffen Ibn 'Abbas zurückgeführte Tradition zufolge soll Muhammads Ankunft bei der Hidjra nach Medina gerade auf den Versöhnungstag gefallen sein, dessen sehr augenfällige Fasten- und Bußriten den Propheten zu der Frage nach dem Festinhalt veranlassten. Auf die Auskunft hin „wir feiern die Befreiung durch Mose aus Ägypten", soll er den Tag des 10. Tishri, den – arabisch 'Ashura' genannten Versöhnungstag, zum Fasttag für seine Gemeinde deklariert haben.

Was immer von dieser Tradition zu halten ist, es finden sich in der Tat in den Regelungen für das Ramadanfasten in Sure 2 kurze Texte, die sich eng an die Yom Kippur-Liturgie anlehnen. Shlomo Dov Goitein und nach ihm Kees Wagtendonk haben das Ramadanfasten aus dem Yom-Kippur-Fasten abgeleitet. Die Yom Kippur-Liturgie hat ihre Spuren aber ebenso in der innerkoranischen Exegese der Episode des Goldenen Kalbes in Sure 20 und Sure 7 hinterlassen.

Der exegetische Austausch zwischen der Gemeinde und den Juden besteht interessanterweise aber nicht in der Abgleichung von Texten. Vielmehr gibt die in der Liturgie der älteren – jüdischen – Glaubensgemeinschaft vollzogene Exegese des Bibeltextes, die die Geschichte des Goldenen Kalbes zu dem *locus classicus* für Schuld und Sühne, göttlichen Zorn und göttliche Vergebung gemacht hat, den Anstoß zu einer exegetischen Neubesinnung der jüngeren – muslimischen – Gemeinde. Es sind mündliche – von der jeweiligen Gemeinschaft vermittelte – Traditionen, die hier in Kontakt treten.

Welche Schlüsse lassen sich daraus für die Koranforschung ziehen?

Was einfach wie die Fortschreibung eines Textes aussieht, ist im Falle des Koran also komplizierter: medinische Zusätze sind Spuren der Fortentwicklung eines Kommunikationsprozesses. Hat das quantitative Wachstum des Textes zu der später kanonisierten Heiligen Schrift der Muslime geführt, so hat die dialektische Entwicklung des Kommunikationsprozesses zwischen Sprecher und Hörern zu der nicht weniger bedeutenden Errungenschaft der Entstehung einer Gemeinde, geführt.

Der Informationsfluss im Koran ist also nicht einfach linear vorzustellen, sondern verläuft offenbar reziprok zwischen dem Übermittler und seinen Hörern. Auch die Angesprochenen haben etwas zu sagen, nicht nur explizit wie in der Fatiha, wo sie sich direkt in der 'wir'-Form äußern. Sie sprechen deutlich auch aus den Reden, die formal Muhammad verlautbart, Reden, die ja nur die eine Seite eines Wechselgesprächs sind, eines Gesprächs, in dem die Hörer des Propheten mit ihren Anliegen das zentrale Thema sind.

Diese Hörer-Anliegen wechseln im Laufe der koranischen Entwicklung in auffälliger Weise, deuten also auf eine Wandlung in der Haltung der Hörer, die Erweiterung ihres Kreises oder auch eine Verlagerung ihrer Interessen.

Statt einer sicher nie mehr zu rekonstruierenden Chronologie der Einzeltexte nachzuforschen, liegt es daher nahe, den Korantext in verschiedene, einander ablösende oder überlagernde – Übermittler und Hörer, d.h. Sprecher und Gemeinde verbindende – Diskurse zu ordnen. Ohne einer noch ausstehenden Detail-Analyse vorzugreifen, lässt sich meines Erachtens im Groben bereits eine Sequenz von solchen Diskursen benennen, die die Hörer und werdende Gemeinde zentral beschäftigt haben.

Am Anfang steht zweifellos die Naherwartung des Jüngsten Tages, dessen Eintreffen durch verschiedene lokale Katastrophen präludiert wird, seien es solche aus der kollektiven Erinnerung wie der Feldzug des Abraham gegen Mekka oder die gewaltsame Auslöschung von lokal benachbarten Siedlungen der Vorzeit.

Der Kampf um die Durchsetzung einer neuen gott-menschlichen Loyalität vor dem Horizont eschatologisch bestimmter Zeit charakterisiert also den frühesten koranischen Diskurs. Was hier durchzusetzen war, ist die neue Vorstellung, dass Gott als an allen Ereignissen beteiligter Akteur mitzudenken ist – das anthropozentrische Weltbild hatte einem theozentrischen Weltbild Platz zu machen.

Um diesen Diskurs herum entwickeln sich neue Diskurse, zunächst im Gefolge der Selbstbefreiung der – sich auch liturgisch festigenden – Gemeinde aus den engen Grenzen der mekkanisch-arabischen Wirklichkeit in die zeitlich und räumlich weitere – imaginierte – Welt der Bibel. Die neue Geographie ist nicht mehr die arabische Halbinsel, sondern Palästina, inklusive des Sinai.

Denn mit der Praxis der rituellen Ausrichtung der Gemeinde im Gebet nach Jerusalem tritt auch eine Wende in der Kodierung der Botschaft selbst ein: Die vorher auf innerarabische Phänomene deutenden Bilder – man denke an die alten Erzählungen von den ausgelöschten Völkerschaften und die expressiven Schwurserien am Anfang der frühen Suren – werden nun durch die Imagination des Heiligen Landes und die Konzentration auf die Schrift und ihre Embleme ersetzt – am Surenanfang stehen jetzt Schwüre beim Schreibrohr oder bei der Schrift selbst.

Dabei ist nicht Muhammad als alleiniger Träger dieses monotheistischen Wissens vorzustellen, noch weniger als jemand, der sich dieses Wissen nach und nach aneignet; vielmehr findet ganz offenbar ein intensiver Austausch mit den Gemeindeangehörigen statt, die Fatiha beispielsweise trägt offen jüdisch-christliche Züge, sie dürfte von der Gemeinde selbst eingebracht worden sein. Dieser zweite Diskurs könnte also als Aneignung der biblischen Heilsgeschichte als neuer kollektiver Erinnerung bezeichnet werden.

In der medinischen Zeit wird die Begegnung der nun bereits bestehenden Gemeinde mit den angestammten Erben der biblischen Tradition häufiger. Die neuen Gläubigen begegnen Juden und Christen jetzt als Disputanten, als konkurrierende Träger monotheistischen Wissens. Diese Konfrontation führt zu einer wieder neuen Perspektive auf diese Heilsgeschichte, so dass in Medina zunächst – als dritter Diskurs – die Debatte mit den Trägern der biblischen Erinnerung im Zentrum steht.

Eine Fülle von nachträglichen 'Korrekturen' koranischer Texte, die jetzt der Herausforderung durch die anwesenden Konkurrenten genügen mussten, bezeugt einen neuen Zugang zu der biblischen Tradition. Sie wird jetzt nicht mehr unproblematisch als universal religiös verpflichtendes Schrifttum behandelt, sondern auch als ein 'konfessionelles Eigentum' reklamiert, als Wissen, das nur die wirklich Befugten verwalten dürfen. Eine neue – kritische – Bibel-Rezeption hat also begonnen.

Für die letzte, textmäßig schwer abgrenzbare Phase ließe sich am ehesten von einem abschließenden Diskurs der Abrahamitischen Erneuerung sprechen. Die Rückkehr zum mekkanischen Kult unter Aufgabe von früheren Kultformen wie der Jerusalemer Gebetsrichtung zugunsten Mekkas, die Konzentration auf Abraham als dem neuen Vorbild, das den früher dominierenden Moses ablöst, die Erhebung Muhammads in den Rang eines Nabi mit fast göttlichen Prärogativen, wie der Verehrung durch die Engel – das alles nimmt bereits etwas von der in der Prophetenbiographie, der Sira, dokumentierten islamischen Eigengesetzlichkeit voraus.

Wenn hier der Begriff Diskurssequenz als Ersatz für die als heuristische Grundlage immer noch nützliche Periodisierung eingeführt wird, so soll damit der Verhandlung und der Produktion von Wissen, wie sie sich in der Sprecher-Gemeinde-Kommunikation des Koran reflektieren, Rechnung getragen werden. Die Neureflexion des Koran als Diskursabfolge hat gegenüber der klassischen Periodisierung den Vorteil, dass sie nicht auf einer linearen Vorstellung von einem Informationszuwachs der einen Figur des Propheten und einer stilistischen Entwicklung der Texte aufbaut, sondern die Übermittler-Hörer-Kommunikation in ihrer Bedeutung erkennt und den Koran als einen Kommunikationsprozess zu beschreiben unternimmt.

Wir stehen also noch am Anfang einer neuen Koranforschung, die die islamische Tradition kritisch hinterfragt, dabei aber nicht das Kind mit dem Bade ausschütten will. Was gebraucht wird ist eine Koranforschung, die das kulturelle Umfeld des Koran in seiner Diversität in den Blick nimmt, und die gleichzeitig den - unter dem kanonisch fixierten Korantext selbst verborgenen – Kommunikationsprozess zwischen Sprecher und Gemeinde als die älteste Quelle für unsere Kenntnis der Korangenese als ihren zentralen Gegenstand erkennt.

Der globalisierte Koran
Moderne Selbstbegründungen
Ein Gespräch mit Reinhard Schulze

Christoph Burgmer: Kann man bezüglich des Koran von einer einheitlichen Verbreitungsart, einer einheitlichen Rezeption sprechen?

Reinhard Schulze: Angesichts von 1,3 Milliarden Menschen, die potentiell den Koran nutzen und auf den Koran verweisen können, natürlich nicht. Einheitlich bleibt er nur als Ausweis der Islamität, des bekannten islamischen Glaubens und des Bekenntnisses selbst. Indem man aber auf den Text verweist und den Text für sich selbst als wichtigsten Referenzrahmen des eigenen Glaubens definiert, ist der Koran der weltweit gültige Text für alle Muslime.

Bedeutet Referenzrahmen auch Textsteinbruch, aus dem man sich nach Gusto ein politisches Programm herausbrechen kann?
Dies ist je nach Gruppe unterschiedlich. Prinzipiell gilt der Koran auch als Text, der für den ideologischen Diskurs genutzt werden kann, auch wenn dies kaum geschieht. Niemand gründet eine islamistische Vereinigung, schaut dann im Koran nach, was dieser zu einer bestimmten Stelle ausführt und entwirft daraufhin ein politisches Programm.
Es funktioniert anders herum. Ideologische Sichtweisen werden in einen Begründungszusammenhang zum Korantext gestellt, um damit die Legitimität der ideologischen Aussage zu erhöhen. Auch in Bezug auf die Rechtsprechung fungiert der Koran nur als Verweis auf einige dogmatisch festgelegte Rechtssätze, die als Ausweis einer Islamität in eine Rechtsordnung eingebracht werden. Es sind jedoch nur wenige Rechtssetzungen, die explizit mit dem Koran in Verbindung gebracht werden. In diesen Zusammenhängen spielt der Koran dann jedoch eine große Rolle, weil die Rechtssetzung als unabänderlich angesehen wird.
Aber es existieren sehr große Unterschiede zwischen den Staaten. Es hängt davon ab, inwiefern man die Rechtssetzung wörtlich über-

nimmt und anerkennt, oder ob man bereit ist, Rechtssetzungen, wie sie im Koran erscheinen, zu interpretieren, vielleicht wie sie in der islamischen Frühzeit interpretiert wurden.

Das bedeutet eine Umdeutung des Sinngehaltes und der Rezeption des Korantextes.

In der ideologischen Auseinandersetzung bezeichnen einige islamistische Gruppen den Koran als Verfassung. Inwieweit entspricht diese Rhetorik einer Verfassungsrealität?
Die Saudis würden das auch sagen. Das ist jedoch lediglich eine pauschale Aussage. Man verweist dabei nicht auf einen bestimmten Verfassungsartikel, sieht den Koran also nicht als einen Katalog von Verfassungsartikeln an.
Der Koran fungiert auch in diesem Zusammenhang nur als Text, der in seiner Gesamtheit Ausweis für eine gesellschaftliche Verfassung ist. Diese kann dann natürlich auch Rechtsnormen enthalten, in denen ganz konkrete Verweise auf den Korantext gemacht werden. Dies gilt in Saudi-Arabien für das Strafrecht, teilweise auch für das bürgerliche Recht wie Zivil-, Ehe- und Erbschaftsrecht.

Es existieren verschiedene koranische Lesarten. Welche Textgrundlage wird benutzt?
Der Korantext wurde durch den Druck der Kairiner Ausgabe von 1926 erheblich standardisiert. Er konkurriert immer noch mit der maghrebinischen Ausgabe, die sich etwas von der Kairiner Ausgabe unterscheidet. Aber die Koranausgabe der Azhar Universität hat sich als Standardtext durchgesetzt.
Der Grund dafür ist, dass Druck und Schrifttypus so gestaltet sind, dass er auch als Lesetext für Menschen, die einen nicht islamischgelehrten Bildungshintergrund haben, leichter fassbar und lesbar ist. Er kann einfacher als Lesetext verwendet werden, als das früher der Fall war. Der Korantext war durch ästhetische Merkmale so überfrachtet, dass er nicht mehr als ein „profaner Text" erfahrbar war. Man könnte die Auswirkung der Kairiner Ausgabe als „Profanisierung" des Leseverhaltens in Bezug auf den Koran ansehen. Denn der Koran ist ab da auch in ganz anderen Situationen nutzbar.

Seither lesen und goutieren die Menschen den Koran auch in Alltagssituationen. Vor 200 Jahren war dies kaum möglich. Handschriften waren nicht billig. Außerdem war es eine Prestigefrage, in welchem Zusammenhang man den Korantext las. Erst durch die Koranausgabe von 1926 wurde das individuelle private Lesen des Korantextes gefördert. Damit veränderte sich aber auch die Relevanz des Textes. Seine Bedeutung als öffentlicher Rezitationstext nahm ab, während er zunehmend als privater Lesetext Verwendung fand. Heute stellt er auch für das Individuum einen anderen Referenzrahmen dar als früher.

Erst die Einführung neuer Technologien ermöglichte eine alle Texte betreffende Veränderung des Leseverhaltens hin zu einem privaten Lesen. Das betrifft auch religiöse Texte wie die Bibel und mit einiger Verspätung auch den Koran.

Liegt darin vielleicht eine Begründung für das Auftreten islamistischer Bewegungen zu Beginn des 20. Jahrhunderts?
Ich sehe darin keinen direkten kausalen Zusammenhang, sondern eine Art zeitlicher Koinzidenz. Die Muslimbrüderschaft ist eine Art Laienbewegung, die sich aus einem allgemeinen islamischen Bildungshintergrund heraus ideologisches Wissen erarbeitet, ohne darauf zurückzugreifen, was frühere islamische Gelehrtengenerationen an exegetischem Wissen, an Traditionswissen produziert haben. Dies kann man fast schon als Säkularisierung des islamischen Wissens bezeichnen. Denn von diesem Zeitpunkt ab ist das Wissen nicht mehr einer bestimmten gesellschaftlichen Gruppe vorbehalten, die es verwaltet, sondern sehr viel stärker allgemein zugänglich. Das ist eine parallele Entwicklung zu derjenigen der Privatisierung des Leseverhaltens wie sie durch den Buchdruck ermöglicht wurde. Zu einer Politisierung hat dies nicht zwangsweise geführt.
Insgesamt hatten intellektuelle Kulturen im 20. Jahrhundert sehr starken Zulauf, vor allem in Ägypten und anderen arabischen Ländern. War deren Referenzrahmen die islamische Tradition, schufen sich die islamischen Intellektuellen diesen Referenzrahmen neu, indem sie nicht mehr auf das Wissen der alten Gelehrten verwiesen. Auch sie haben die Texte neu gelesen und eine neue Selektion des alten Traditionswissens betrieben.

Sie haben entschieden, welche Traditionen noch fruchtbar sind, welche man noch benutzen will und welche nicht. Das hatte eine Rückwirkung darauf, wie die Texte gelesen wurden und dann natürlich auch, wie der Korantext in das Alltagswissen eingebracht werden konnte und mit welchem Hintergrundwissen ein solcher Text gelesen wurde.

Lassen sich die Prozesse, wie der Koran in den Alltag eingebracht wurde, heute noch nachzeichnen?
Es war zunächst nicht ganz einfach, den Korantext in den ganz normalen Buchmarkt, das heißt in den Markt der gedruckten Bücher, einzubringen. Der erste Koran wurde 1802 im russischen Kazan gedruckt. Die meisten frühen Korandrucke stammen jedoch erst aus den 30er Jahren des 19. Jahrhunderts. Das sind fast alles Steindrucke gewesen, da dieser Druck es ermöglichte, den Schriftduktus zu erhalten.
Das Leseverhalten hat sich aber erst über drei, vier Generationen verändert, denn vor allem musste es für das soziale Umfeld, in dem die Menschen lebten, Sinn gebend sein, ein solches neues Leseverhalten zu entwickeln. Und das war erst Ende des 19. Jahrhunderts, Anfang des 20. Jahrhunderts in den intellektuellen Milieus der großen Metropolen der Fall.
Parallel dazu entwickelten sich die Massenmedien. Überall dort, wo die Massenmedien verbreitet waren, wie in Kairo oder Delhi, war das Publikum schnell bereit, das allgemeine neue Medien- und Leseverhalten auch auf die religiösen Texte anzuwenden. In Regionen, in denen Massenmedien kaum verbreitet waren, wie in Bagdad oder Damaskus war die Bereitschaft geringer entwickelt.

Nun ist der Koran nicht nur ein Lesetext, sondern vor allem auch ein Hörtext. Es ist nicht ungewöhnlich, dass ein Taxifahrer in Kairo, Amman oder Tunis anstelle einer Kassette mit Popmusik eine Kassette mit einer Koranrezitation hört. Ist es auch so, dass der Korantext selbst für politische Kampagnen genutzt wird?
Man kann sich das nicht so vorstellen, dass plötzlich eine islamistische Partei auftritt und den Koran als eine ideologische Parole benutzt. Das würde auch für die Islamisten bedeuten, den Korantext

zu entwerten und so stark zu profanisieren, dass seine eigentliche Botschaft verloren ginge. So findet man den Text in politischen Manifestationen nicht wirklich präsent. Als Referenzrahmen bleibt er aber permanent im Hintergrund. Denn dadurch, dass es für das Individuum oder auch für eine politische Gruppierung in einer politischen Situation möglich ist, auf den Text zu verweisen und damit eine letztgültige Legitimation einer bestimmten Aussage zu schaffen, erhöht man den Wert des Textes. Damit fungiert er als ideologisches Aushängeschild, oder sogar, wenn man es ganz platt sagen würde, als Mao-Bibel der Islamisten.

Das Leseverhalten der Menschen ist, sie haben es beschrieben, kein Passives. Neben einer emotionellen und ästhetischen Wahrnehmung des Korantextes gibt es auch eine rationale Wahrnehmung, die durch die Komplexität des Textes herausgefordert wird.
Der Korantext fordert die Vernunft heraus. Wer dem Text nicht mit Vernunft begegnet, scheint dem Koran selbst zu widersprechen. So wird das Lesen zu einem Akt der Vernunft, des Erkennens dessen, was im Text drinsteht. Und dieses Erkennen dessen, was im Text drin steht, bedeutet auch immer zu unterscheiden, was richtig und was falsch ist.
Unterscheiden heißt aber auch Kritik. So kann das Leseverhalten auch immer kritisch sein. Das ist genauso möglich wie ein rein apologetisches, passives Lesen. Dieses kritische Lesen ist in der islamischen Welt weit verbreitet. Dass über verschiedene Interpretationen keine einheitliche Meinung, also kein gesellschaftlicher Konsens existiert, ist also nicht verwunderlich.
Natürlich gibt es Forderungen, dieses kritische Leseverhalten gegenüber dem Korantext zu schulen. Es gibt inzwischen eine Vielzahl von Intellektuellen, die einen rational-kritischen Zugriff zum Korantext fordern. Dieses lehnen islamistische Gruppen natürlich ab. Denn aus der Kontingenz, die der Text im Hintergrund darstellt, schöpfen sie ihre diskursive Macht. Diese ausgebaute Machtstellung im gesellschaftlichen Diskurs entsteht, indem sie den Diskurs so nutzen, dass die göttliche Rede zum Referenzbereich der richtigen Aussage wird.

Wieso sind islamisch geprägte Gesellschaften bereit, dem islamistischen Diskurs über den Koran eine solche Machtstellung einzuräumen?
Das ist eine Frage der Bildung und des Bildungsstandes. Über die Erziehung hinweg wird den Menschen der Korantext als der göttliche Text par excellence erklärt. Der Text selbst wird zum göttlichen Text, zum Wort gewordenen Gott erklärt. Und dem Wort gewordenen Gott kritisch zu begegnen, setzt jedoch intellektuelle Freiheit voraus, was den Menschen in der islamischen Welt genauso gegeben ist wie den Menschen anderer Welten.
Allerdings ist die Frage, ob der Diskurs diese intellektuelle Freiheit gestattet. Denn über Jahrzehnte hinweg wurde die Macht in der Gesellschaft immer dadurch bestätigt, dass man diese Freiheit beschnitt. Für jeden, der Macht haben wollte, bestand der einfachste Weg darin, diese Freiheit zu beschneiden. Erst dann wurde die Macht ausgeübt. Diejenigen, die versuchen, dieses kritische Lesen als öffentliches Interesse zu formulieren, riskieren einen Skandal, weil man dadurch keine Macht ausübt, sondern Gegenmacht.

Gilt dies auch für Islamisten, wie zum Beispiel die Muslimbrüder um Sayyid Qutb in den 60er Jahren oder islamistische Gruppen wie Al Quaida heute?
Diese Islamisten üben mehr Macht als Gegenmacht aus. Denn in ihrer Gruppe erzeugen sie erst dadurch, dass sie die gesellschaftlichen Situationen mit dem Verweis auf den Koran erklärbar machen, die Kohärenz. Verweis bedeutet hier weder einen kausalen oder einen rationalen Verweis, sondern dient einfach nur der Legitimation. Damit üben sie Macht innerhalb der Szene aus und stärken ihre Position.
Dies gilt auch noch für Al Quaida. Es existiert also eine solche Tradition, allerdings hat sie sich in den vergangenen Jahren radikal verändert. Dafür gibt es vor allem zwei Gründe. Erstens hat sich die gesamte islamistische Szene in den letzten 15 Jahren dramatisch verändert. Man kann die heutige Situation nicht mehr mit der vor 20, 30 Jahren in Beziehung bringen. Der zweite Grund betrifft vor allem die Medienöffentlichkeit. Der Korantext ist heute auf eine Art präsent, wie er nie präsent gewesen ist.

Er ist nicht nur konventionell präsent, als Text zum Lesen und zum Hören, sondern er ist auch exegetisch präsent. Denn vor allem über das Internet besteht für Jeden die Möglichkeit, den Korantext so zu sezieren und zu lesen, wie es früher nie möglich gewesen wäre.

Früher musste man den Korantext konsekutiv im Kopf haben, auswendig beherrschen, um bestimmte Stücke des Korantextes in bestimmten kultischen Situationen zu verwenden. Heute braucht man den Korantext nicht mehr auswendig zu können.

Über Suchprogramme im Internet hat man die Möglichkeit, den Korantext über Kommentatorenprogramme so zu sezieren, dass man jede Aussage findet, die einem in seinem aktuellen Leben adäquat erscheint. So verfügt man über ein zusätzliches Deutungsangebot und Hilfsmittel in der individuellen Auseinandersetzung mit dem Koran.

Das bedeutet vor allem eine starke Individualisierung des Verhältnisses Mensch – Text. Vor 100, 200 Jahren war jeder, der den Korantext verstehen wollte, auf eine soziale Gruppe angewiesen. In dieser Gruppe musste jemand vorhanden sein, der den Koran vielleicht auswendig konnte, der seine Exegese beherrschte und der ihn vielleicht noch auf eine eigene Art rezitieren konnte.

Heute genügt der Computer und der Einzelne, um all diese Funktionen erfüllt zu bekommen. Man ist so auf sich selbst zurückgeworfen, dass man plötzlich fast die Macht zu haben scheint, im eigenen Ich das gesamte soziale Verhalten widergespiegelt zu sehen. Die Individualisierung des Verhältnisses zum Korantext ist so stark, dass das kollektive Erlebnis im Umgang mit dem heiligen Text sehr viel weniger geworden ist.

Führt diese Individualisierung so weit, dass man inzwischen auch von einer Bewegung sprechen kann, die den Koran als Referenzrahmen individuellen Lebens ablehnt?

Das sind individuelle Positionen. Inwieweit sie intellektuelle Strömungen repräsentieren ist nicht belegbar, auch nicht wie repräsentativ sie für eine Gesellschaft oder eine kulturelle Tradition sind. Es gibt allerdings schon eine Vielzahl von oft sehr provokanten Aussagen. So wird der Koran zum Beispiel als Lügentext bezeichnet, als ein Text des Zwanges, von dem man sich befreien muss.

Nun existiert aber in der islamischen Geschichte immer wieder der fast zynische Umgang mit religiösen Texten. Das ist also grundsätzlich nichts Neues, sondern Teil der islamischen Geschichte selbst. Daraus folgt also nicht unbedingt so etwas wie eine Umwälzung im kulturellen Verständnis des Koran. Vielmehr sind dies Positionen, die den Verweis auf den Text nutzen, um eine bestimmte gesellschaftliche Situation zu beherrschen.

Muss man darin eine Aufklärungsbewegung sehen, wie dies im Westen gerne gesehen wird und auch ganz nach dessen Vorbild?
Auch dies bleibt in erster Linie eine Bildungsfrage. Diese wiederum hängt mit gesellschaftlichen Situationen zusammen, und der Frage, inwieweit diese noch mit der religiösen Tradition selbst verbunden, verwoben ist. Auch der Verlust des Neuen Testaments als öffentlicher Text in den europäischen Ländern geschah sicherlich nicht dadurch, dass plötzlich alle den Religionskritikern des 18., 19. Jahrhunderts geglaubt haben und sich sagten, dass sie recht hätten. Es führte kein wirklich kognitiver, rationaler Zugriff zur Religionskritik und dazu, den heiligen Text aus dem öffentlichen Raum herauszunehmen. Sondern es ist im Gegenteil wahrscheinlich eher der Verlust der Erklärungsgewalt religiöser Texte in gesellschaftlichen Krisensituationen. Der religiöse Text war nicht mehr in der Lage, das Elend der Industrialisierung zu erklären. Oder zu erklären, was in Industrialisierungsprozessen wirklich geschieht. Das Massenelend des späten 19. und frühen 20. Jahrhunderts ist durch den religiösen Text nicht mehr erklärbar, wie auch die großen Krisen des Ersten und Zweiten Weltkrieges. So wurde der religiöse Text in den Bildungsinstitutionen mehr und mehr ausgegliedert. Andere Erklärungsmuster wurden eingefügt, die den Menschen das Leben tragbar erscheinen ließen. Die besser zu erklären schienen, warum 50 Millionen Menschen im Zweiten Weltkrieg gestorben sind.

Das legt nahe, dass die Rezeption heiliger Texte im Westen und in islamischen Gesellschaften deshalb unterschiedlich ist, weil islamische Gesellschaften das Ausmaß der Krise, wie sie im Europa des 20. Jahrhunderts der Fall war, selbst nicht erfahren haben?

Vor allen Dingen wird diese Krise bis heute als von außen verursachte Krise angesehen. Denn offensichtlich ist der Erste und auch der Zweite Weltkrieg nicht in der islamischen Welt angezettelt, aber dort ausgefochten worden. Menschen in Libyen, in Ägypten oder anderswo, kamen nicht deshalb um, weil sie bestimmte Interessen vertraten und dafür kämpften, sondern sie waren Opfer eines externen Krieges.

Dies führt dazu, dass der Erklärungsraum für das, was als Krise passiert, gar nicht in der eigenen Tradition gesehen wird, sondern viel stärker in dem, was von außen gekommen ist. Es gibt also keinen Rückgang des Deutungsangebotes, wie es der Koran für eine Gesellschaft machen konnte, in dem Umfang, wie es etwa im Westen stattgefunden hat. Der Koran bleibt wunderbar nutzbar, bis in die heutige Zeit.

In Fernsehratespielen in Saudi Arabien heißt es nicht „Wie werde ich Millionär", sondern „Wer ist der beste Koranexperte". Andererseits spielt der Koran als religiöse Referenz eine Rolle. Der Rückgriff auf den Korantext als öffentlichen Text, mit dem man auch medial präsent sein kann, ist extrem wichtig und sättigt ein aktuelles gesellschaftliches Bedürfnis.

Dieses mit einem religiösen Text zu füllen, ist in der islamischen Tradition einfacher, weil es sich um einen religiösen Text handelt und nicht um einen Komplex von religiösen Texten, wie im Judentum oder schwierig zu verstehenden Texten wie im Christentum, wo man nie genau weiß, was Gottes Wort ist und was nicht. Im Korantext ist alles Gottes Wort. Das erlaubt eine direktere Auseinandersetzung mit der Frage der Relevanz religiöser Texte für Alltagssituationen.

Es macht aber auch schwieriger, eine aufgeklärte Position einzunehmen!
Jedes aufgeklärte Verhalten ist die Befreiung von einem Zwangsdiskurs. Es beschreibt Freiheit als eigene kritische Haltung, eine rationale Kritikfähigkeit gegenüber jeglichem Text zu entwickeln. Wenn ein religiöser Text wie der Koran so stark im Vordergrund steht, dann ist gerade die Auseinandersetzung mit dem Koran der Nachweis darüber, dass man dabei ist, einen Aufklärungswillen zu

entwickeln. Je nach dem, welches Verhältnis man zum religiösen Text hat, verkündet man damit öffentlich seine Absicht. Dies kann man, indem man die Haupttradition ignoriert, also feststellt, dass es den Koran zwar gibt, aber man sich demonstrativ nicht damit beschäftigt. Dies ist die Regel. Ein anderer Zugriff ist, den Koran in eine Aufklärungsdiskussion mit einzubeziehen. Dann kommt es zum Skandal. In den vergangenen Jahren haben viele Intellektuelle letzteren Weg beschritten und mussten den Skandal ausfechten.

Solche Argumentationen spielen sich in einem kulturellen Kontext ab. Wird in diesem Kontext der Islam als Verweis für eine spezifische islamische Kultur benutzt?

Er wird als Begriff benutzt, um so etwas wie ein kulturelles System darzustellen. Er wird benutzt, um so etwas wie eine soziale Ordnung darzustellen. Er wird benutzt, um ein religiöses Traditionswissen abzubilden und zu definieren. Und er wird benutzt, um so etwas wie eine innere, individuelle Gläubigkeit zu bezeichnen. Diese vier Nutzungsverhältnisse des Begriffes Islam spiegeln sich auch in der Nutzung des Korantextes wieder.

Es gibt viele Menschen, für die ist der Koran ein Text, der gegenüber der individuellen Gläubigkeit eine Transzendenz erlaubt. Sonst machen sie nichts mit dem Text. Eine zweite Gruppe sind die alten Gelehrten, die heute wieder zunehmend an Bedeutung gewinnen. Sie halten ergänzend zum zuvor Gesagten das institutionalisierte Wissen über den Korantext für genauso wichtig. Wissen, das sie als Gelehrte in Form von Wissenstraditionen kontrollieren. Exegese, Sprachwissenschaft, Literaturwissenschaft und alle Bereiche, die in den Kanon mit hineingehören, sollen durch sie kontrolliert und bewahrt werden, darüber hinaus nichts.

Die nächste Gruppe sind unter anderen die alten Islamisten. Für sie ist der Korantext noch mehr als das. Der Korantext enthält Aussagen darüber, welche ethischen Normen in einer Gesellschaft zu existieren haben. Diese fordern sie als gläubige Muslime in rechtliche Normen umzuwandeln und als Exekutive in der Gesellschaft auch durchzusetzen.

Dann gibt es eine vierte Gruppe. Sie spielt heute eine große Rolle, weil sie den Korantext nutzt, um so etwas wie eine kulturelle Antithese aufzubauen: Hier der Islam, dort der Westen. Das sind keine traditionellen Islamisten. Das sind vor allen Dingen Leute, die im postkolonialen Diskurs verankert sind. Sie konstruieren in Indien, in Pakistan, im Iran eine Art kollektive Identität um den Korantext herum, die dazu dienen soll, eine postkoloniale Alternative zum Westen zu etablieren.

Dies sind vier grundsätzlich unterschiedliche Nutzungsmöglichkeiten des Korantextes. In der Realität ist es komplizierter. Denn innerhalb dieser vier Traditionen gibt es eine solche Vielfalt von Rezeptionssystemen zum Korantext, dass man von einer einheitlichen Lesung des Korantextes überhaupt nicht sprechen kann.

Die Koranrezeption macht den Unterschied verschiedener islamistisch politischer Traditionen aus. Betrifft dies auch das Verhältnis der Muslimbrüder zu ihrer eigenen Geschichte?

Es klaffen Welten zwischen diesen Traditionen. Die alten islamistischen Traditionen sind heute gar nicht mehr aktiv. Vielleicht existieren sie noch in den Köpfen von alten oder inzwischen alt gewordenen Intellektuellen, die in den 20er Jahren geboren wurden, heute also 70, 80 Jahre alt sind. Sie haben vielleicht noch eine romantische Erinnerung an die große Zeit der Muslimbrüderschaft, als diese fast zwei Millionen Mitglieder hatte.

Heute spielt sie nicht mehr diese Rolle. Das hängt vor allen Dingen damit zusammen, dass die alten islamistischen Verbände stark ideologisch verankert waren, also stark darauf ausgerichtet waren, Gesellschaftsutopien aufzubauen. Mit dem Untergang der Vorstellung von Gesellschaftsutopien war auch das Ende der Islamisten besiegelt. Sicherlich existieren sie auch heute noch. Sie repräsentieren vor allem die starke wertkonservative Stimmung, die sich auf den Nationalstaat, auf den speziellen Territorialstaat bezieht, in dessen Rahmen sie politisch agieren. Das finden sie in Ägypten, der Türkei, in Algerien, im Iran und in vielen anderen Ländern wieder.

Für sie ist der Koran eine Gesellschaftsverfassung und keine Herrschaftsverfassung. Er beschreibt den ethischen Grundkonsens, nach dessen Regeln sich eine Gesellschaft optimal verhalten kann. Es sind Wertkonservative, die diese ethischen Grundregeln in die Ge-

sellschaft aufnehmen wollen. Die Rückkehr zu den Werten, ja die Werte an sich sind für sie der alles verbindende Integrationsfaktor einer Gesellschaft. Und der Koran als bedeutendster Text bestimmt die Ethik einer Gesellschaft. An ihm und durch ihn soll man unterscheiden lernen, was in einer Gesellschaft richtig oder falsch ist, welches Verhalten erlaubt, welches verboten ist.
Es sind die Erben der alten, großen islamistischen Verbände, die sich heute so darstellen. Sie können sich natürlich unterschiedlich ausweisen. Es gibt innerhalb der wertkonservativen Tendenzen starke Predigerattitüden, die den Korantext sehr stark nutzen, um so etwas wie eine öffentliche Moral zu predigen. Es gibt populistische Wertkonservative, die in ihren Predigten ganz explizit den Korantext in den Vordergrund rücken, um dadurch eine bestimmte Stimmung zu mobilisieren. Aber das bewegt sich im üblichen Spektrum wertkonservativer populistischer Strömungen, wie man sie auch in Europa kennt.
Die zweite Strömung, die sich davon abgrenzt, wird von den Wertkonservativen negativ als „Demokraten" bezeichnet. Gemeint sind diejenigen, die eine Art Konstruktivität in der islamischen Tradition sehen. Sie glauben, dass die islamische Tradition so etwas wie Pluralismus und Demokratie selbst legitimiere und begründe. So wollen sie an der Weltkultur des Pluralismus und der Moderne teilnehmen.
Aktuell spielen solche Argumentationen im öffentlichen Diskurs Bahrains eine große Rolle, aber auch in Saudi Arabien gibt es starke Strömungen islamischer Demokraten. Es ist eine nicht zu unterschätzende Strömung. Es gibt sie auch in Syrien, in Ägypten, weniger in Marokko, in Tunesien und in Algerien. Sie sehen den Koran als den Text an, der den Menschen klar macht, dass sie in einer pluralistischen, freien, rechtssicheren Situation leben müssen. Diese wird jedoch nur in einer demokratischen Ordnung garantiert. Alle Versuche jedoch, mit dieser Ideologie staatsübergreifend wirksam zu werden, sind gescheitert. Auch ihr Ziel bleibt die Herrschaft im Staat und nicht die Aufhebung eines Staates zugunsten einer größeren politischen Identität. Aber diese beiden Gruppen werden genauso zunehmend von zwei Seiten in die Zange genommen, wie auch die Staaten selbst.

Da sind auf der einen Seite diejenigen, die sich in ihrem politischen Handeln nicht mehr an Staaten orientieren und den Staat nicht mehr als Referenzraum eines ideologischen Programms ansehen mögen. Sie kann man als globale Akteure bezeichnen. Prominentestes Beispiel ist Al Quaida. Es sind Gruppen, die zwei-, dreitausend Mitglieder haben, die sich als Akteure eines universellen islamischen Willens ausdeuten.

Doch zu diesen vollkommen globalisiert handelnden Menschen, die nach all den Regeln der Globalisierung leben, existiert eine Gegenbewegung. Sie ist von extremer Lokalisierung islamischer Identität geprägt. Dies findet man stark ausgeprägt in Algerien und Afghanistan, wo Herrschaft, aber auch der Handlungsrahmen von islamistischen Gruppen nicht mehr umfasst als vielleicht ein, zwei Dörfer, ein Tal oder eine Hügelkette. Dort aber wird die Herrschaft genauso ausgeübt, wie es die führende Gruppe möchte.

Alle neuen islamistischen Gruppen nutzen den Koran als Zeichen. Man sieht sehr häufig Fernsehbilder und Fotos, auf denen Kämpfer mit Koran und Gewehr zu sehen sind. Warum ist dies den globalisierten genauso wie den lokalisierten Islamisten so wichtig?

Weil man allen damit einfach zu verstehen gibt, wer man ist. Deshalb inszenieren sich Jihadis, die Globalisierer, genauso wie die Taqfiris, die lokalisierenden Islamisten, mit dem Korantext. Sie benutzen ihn förmlich als Ausweis, um ihre Handlungen zu legitimieren. In Afghanistan, Algerien, Tschetschenien und Somalia sind solche Verhaltensweisen häufig. Man versteht die Symbolik und weiß in der islamischen Welt sehr genau, um wen es sich handelt. Dennoch ist es nicht so, dass man sich automatisch damit identifiziert. Die bloße Tatsache, dass ein Jihadi mit seiner Kalaschnikow gleichzeitig noch einen Koran bei sich führt, bedeutet noch lange nicht, dass der islamische Beobachter auch nur ansatzweise irgendetwas mit ihm gemein hätte. Das ist ein Vorurteil, das besonders in westlichen Medien gerne kolportiert wird.

Denn die Gleichung, dass wenn der Koran auftaucht, dies bedeute, dass damit ein potenzieller Mobilisationsfaktor für 1,3 Milliarden Menschen gegeben sei, ist falsch.

„Zurück in die Zukunft"
Korankritik in der europäischen Diaspora
Ein Gespräch von Michael Briefs mit Soheib Bensheikh

Michael Briefs: Soheib Bensheikh, Sie wollen den Islam an die europäischen Bedingungen anpassen. Ihre Thesen und Ihre Kritik am traditionellen Islamverständnis haben Sie in der Öffentlichkeit bekannt gemacht. Ist die Diskussion darüber, wie der Koran neu zu verstehen ist, für Sie eine Voraussetzung für die Akzeptanz muslimischer Einwanderer in Gesellschaften des Westens?

Soheib Bensheikh: Der Koran muss heute auf jeden Fall neu interpretiert werden. Denn man kann ihn nicht mehr nur als eine Sammlung von Vorschriften verstehen. Er bleibt zwar die wichtigste Orientierungshilfe und Quelle der Inspiration für die Muslime. Aber die europäischen Muslime stehen, als nur eine von mehreren Minderheiten in Europa, vor der großen Herausforderung der Integration in westliche Gesellschaften. Der Koran gibt keine Antworten auf die dadurch entstehenden Probleme. So bleibt nichts anderes als die Erkenntnis, dass das, was aus dem Koran abzuleiten ist, sich nur aus dem Verständnis der jeweiligen sozialen und politischen Umgebung erschließt und individuell unterschiedlich ist. Jeder sollte also den Koran in Abhängigkeit zu seinen persönlichen intellektuellen und kulturellen Hintergründen lesen. Denn es ist völlig legitim, dass man den Koran mit Hilfe seines eigenen Intellektes interpretiert. Entscheidend ist nur, dass dies nicht zu dogmatischen Heilslehren führt. Das wäre fatal. Ich hoffe, dass sich jede Generation die Freiheit neu erkämpft, den Koran wieder neu zu interpretieren.

Gewalttäter wie Vertreter eines Reformislam berufen sich auf die gleichen religiösen Texte und Überlieferungen. In gleicher Weise zitieren sie die als normativ erachteten Koranverse, um ihren Standpunkt zu untermauern. Sowohl Toleranz als auch Gewalt lassen sich mit dem Koran rechtfertigen. Was zieht diese Tatsache für Konsequenzen nach sich?

Der Islam muss zu seiner alten philosophischen Größe, seinem Humanismus und seiner Immaterialität zurückfinden. Dazu muss man ihn von seinen ritualisierten Interpretationen reinigen. Man muss dafür kämpfen, dass die religiöse Tradition nicht bestimmt, wie der Koran zu verstehen ist. Gleichgültig welchen Respekt man vor ihr hat.
Denn der Koran ist ein von Menschenhand niedergeschriebenes Werk. Weshalb sollte er da nicht in jeder Epoche neu interpretiert werden? Gerade weil es im Islam keinen Mittler zwischen Gott und dem Einzelnen gibt, muss jeder selbst wissen, wie viel religiöses Engagement er aufbringen will. In Bezug auf die Gesellschaft baut der Islam auf dem Verantwortungsbewusstsein des Individuums und seinem freien Willen auf. Dieser existiert jedoch nur, wenn die Religion Widerspruch und Kritik zulassen lernt. Jede Religion, auch der Islam, braucht die Kontroverse.

Sie stammen aus einem strengreligiösen Elternhaus. Ihr Vater war ein Islamgelehrter, der weit über die Grenzen seiner algerischen Heimat bekannt war. Er betonte, wie die religiöse Orthodoxie bis heute, das Vorbild des Propheten Mohammad für die Gläubigen. Sie hingegen machen die individuelle Ratio zum Leitbild für die Muslime. Spricht daraus schon die intensive Verschmelzung zwischen islamischen und westlichen Lebenswirklichkeiten?
Zunächst einmal spricht daraus meine persönliche Erfahrung. Es waren orthodoxe Professoren der Al-Azhar Universität, die mir als erstes die Bedeutung des Koran über die seit Jahrhunderten bekannten Referenztexte vermittelten. Dann erst durfte ich eine eigene Deutung vortragen. Aber das reichte mir nicht. Ich wollte Neues kennen lernen und war neugierig, was man im Westen über Islam und Koran dachte.
Ein solches Anliegen war nicht ungewöhnlich, da sich im kolonialen Algerien islamische und westliche Lebensart schon lange vermischten. Es lag also nahe, für einige Semester in Brüssel an der Freien Universität Islamwissenschaft zu studieren. Auch wenn es zunächst ein bizarres Erlebnis für mich war, überwiegend Nicht-Muslime, Atheisten und Agnostiker über den Islam dozieren zu hören, brachte es mich in der theologischen Diskussion weiter.

Heute kann ich nur jedem Muslim und jedem am Islam Interessierten empfehlen, dass er intellektuell so frei ist, sich mit der arabischen Schriftsprache des Koran kontrovers auseinanderzusetzen. Der Koran ist kein ewig gültiges Gesetzbuch, wie es manche denken. Es ist vielmehr ein Buch voller guter Ratschläge und Ideen.

Können Sie das genauer fassen? Vielleicht anhand eines Beispiels aus dem Koran.
Nehmen Sie nur das Muslimen traditionell vorgeschriebene tägliche fünfmalige Gebet. Gleich einer Bedienungsanleitung, die genaue Handlungsanweisungen gibt, dass man um so und so viel Uhr beten muss, ist das fünfmalige Gebet im Koran nicht erwähnt. Die Gebetspraxis der orthodoxen salafitischen und neo-hanbalitischen Lehre basiert deswegen auf den Prophetenüberlieferungen. Sie sind der Prüfstein, an dem der Wahrheitsgehalt der Aussage gemessen wird. Wenn sie fehlen, stellt sich die Frage, wie und wann man sonst beten solle?

Ich versuche solche Fragen zu beantworten, auch wenn dies für die Gelehrten der oben erwähnten Rechtsschulen nur schwer nachvollziehbar ist. Dies mag daher rühren, dass sie es gewohnt sind, die Überlieferungen wie eine Bedienungsanleitung zu lesen. Ich dagegen sage: Legt doch bitte die Bedienungsanleitung beiseite. Tut, was ihr nach eurem Herzen für richtig haltet, was jeder spirituell als besonders bereichernd empfindet und versucht euch am Koran zu orientieren.

Dabei muss man jedoch wissen, dass er nicht jedes kleinste Detail vorgibt. Mit solchen Argumentationen werden viele konservative Muslime Probleme haben, weil sie eigenständiges Denken in Religionsfragen nicht gewohnt sind.

Sehen Sie in der Situation des Islam als Minderheitenreligion in Frankreich eine besondere Chance dafür, dass sich eine eigene Lesart des Koran und damit der islamischen Religionsausübung entwickelt?
Die Muslime genießen als Minderheit in Europa eine besondere Freiheit. Es existiert kein Klima sozialer Überwachung, das aus den Herkunftsländern bekannt ist. Zwar gibt es im Islam keine den

christlichen Kirchen entsprechende Hierarchie und Organisationsstruktur, dennoch erzeugt die religiös-moralische Lebenswirklichkeit in vielen mehrheitlich islamischen Ländern einen enormen sozialen Druck.
In Frankreich oder in Deutschland ist das anders. Muslime führen hier ein unauffälliges religiöses Leben. Man geht, wenn man Zeit hat zum Gebet in die Moschee und taucht danach wieder in der Anonymität der Gesellschaft unter. Eine solche Situation, in der man als Gläubiger frei ist von sozialer, moralischer und religiöser Kontrolle, wünschen sich viele Muslime auch in islamischen Ländern.

1992 wurde in Ägypten der Kritiker Faruq Foda von Islamisten auf offener Straße erschossen. Damit begann eine bis heute beispiellose Verfolgung kritischer Intellektueller durch islamische Fundamentalisten. Konservative Rechtsgelehrte liefern Islamisten bis heute mit dem Vorwurf der Apostasie den intellektuellen Unterbau. Sie verkünden öffentlich, dass Fodas Ermordung und auch die zahllosen anderen Angriffe logische Folge islamischer Rechtsauslegung sei. Einige Jahre später geriet der ägyptische Literaturwissenschaftler Nasr Hamid Abu Zaid ins Fadenkreuz der Islamisten, als er ein neues Modell der Koraninterpretation vorstellte. Inwieweit stehen solche Anschläge für die verkrusteten gesellschaftlichen Strukturen in vielen mehrheitlich islamischen Ländern?
In der Frühphase des Islam betonte der Prophet Mohammad die religiöse Selbstverantwortung des Einzelnen, unabhängig davon, ob Muslim oder Ungläubiger. In Sure 2 empfiehlt er den Gläubigen sogar, gegenüber Juden und Christen, die Muslime vom Pfad des Islam abzubringen gedenken „... nachsichtig zu sein, bis Gott mit seiner Entscheidung kommt." Und in Sure 10 steht im Koran: „Mir kommt am Tag der Auferstehung mein Tun zu, und euch das eure. Ihr seid unschuldig an dem was ihr tut." Für mich bietet das Modell einer aufgeklärten, säkularisierten islamischen Religiosität die Möglichkeit eines friedlichen Zusammenlebens mit anderen Religionen und Kulturen. Mit Blick auf die real existierende Welt des Islam ist man auf diesem Weg jedoch noch nicht weit gekommen.

Ist eine neue Lesart des Koran für Sie der Schlüssel, mit dem Sie ein zeitgemäßes Herangehen an die aktuelle Situation empfehlen?
Zusammen mit anderen Reformern verfolge ich zwei Ziele. Bezogen auf den Islam müssen vor allem die jungen Muslime vor einem falschen Verständnis des Koran geschützt werden. Man muss sie gegen radikal islamistische Interpretationen immun machen. Dazu dienen eine reflektierte Kenntnis der überlieferten Texte und eine weltoffene pädagogische Vermittlung des Koran. Religionen sind in der Gegenwart nicht mehr an kulturelle Grenzen gebunden. Im Gegenteil: Spirituelles Engagement wird Stück für Stück zu einer universalen Angelegenheit. In Schweden kann man den islamischen Glauben annehmen. In Algerien kann man sich zum Atheismus bekennen. Religionen sollten ihre Botschaft so selbstbewusst wie möglich vertreten. Dazu gehört, dass sie auch freistellen, sich ganz von ihr zu emanzipieren. Das macht am Ende ihre Stärke aus.

Diese Position dürfte von strenggläubigen Muslimen bestritten und massiv bekämpft werden?
Im Koran gibt es etwa zehn Verse, die zur freien Religionswahl auffordern. Dennoch verbieten alle islamischen Rechtsschulen den Muslimen bis heute, einen anderen Glauben anzunehmen. Sie stützen sich dabei auf einen einzigen *hadith*, einen dem Propheten zugesprochenen Ausspruch: „Tötet den, der seine Religion wechselt." Aber dieser Ausspruch ist nicht einheitlich überliefert. Er kann also nicht Grundlage für eine so intolerante und schwerwiegende Strafe wie die Ermordung Abtrünniger sein. Das widerspricht dem Islam, der eine Religion der Barmherzigkeit und Gerechtigkeit ist. Es widerspricht dem Koran, der unsere einzige sichere Quelle ist. Dieser Ausspruch hat bislang nur Schaden angerichtet. Trotzdem halten viele an ihm fest. Man muss sich fragen, warum sie dies tun, insbesondere wenn sie ihn in Beziehung zum Konzept einer „islamischen Nation" setzen.

Die Theoretiker des Islam haben das traditionelle Konzept der islamischen Gesellschaft und ihre Beziehung zur Religion bis heute nicht an die Situation der Muslime in den europäischen und ameri-

kanischen Einwanderungsgesellschaften angepasst. *Die Realität in Frankreich, Belgien oder Deutschland stellt sie daher vor komplizierte theologische Fragen. Welche Folgen hat die Diffusion zwischen Religionen, Kulturen und Gesellschaften in der globalisierten Welt für den Islam?*
In der islamischen Theologie herrscht eine Lähmung, die bis ins Mittelalter zurückreicht. Damals entwickelten die islamischen Rechtsschulen die Theorie von der Teilung der Welt in das Gebiet des Islam und das Gebiet des Krieges. Ich lehne solche Konzeptionen als anachronistisch ab.
Erstens sind das archaische islamische Rechtsvorstellungen, die man zum Glück heute weitgehend nicht mehr wörtlich nimmt. Zumal sie ihre Begründung nämlich weder im Koran noch in der Prophetenüberlieferung findet. Als der Prophet Mohammad und seine Gefährten von ihrem Exil in Medina aus Mekka eroberten, hat das Gebiet der Auswanderung der Muslime aufgehört zu existieren. Die Traditionalisten behaupten zwar, dass es andere angeblich authentische Aussprüche gibt. Dies ist aber nur eine Behauptung.
Hinzu kommt, dass es in Frankreich überhaupt keine islamische Gesellschaft gibt, weder faktisch noch rechtlich. Und selbst in mehrheitlich islamischen Gesellschaften existiert die muslimische Nation nur als utopisches Konzept, welches ideologisch eher eine Antwort auf die Ideologie des Nationalismus im Westen zu verstehen ist.

Etwa die Hälfte der rund fünf Millionen Muslime Frankreichs, wobei man darüber streiten kann, wie diese Zahlen zustande kommen, besitzt die französische Staatsbürgerschaft. Doch sich öffentlich als Muslim bekennen bedeutet gleichzeitig, als Bürger zweiter Klasse angesehen und behandelt zu werden. Dies ähnelt der Situation in Deutschland. In Ihrem 1995 erschienenen Buch „Marianne und der Prophet" schildern Sie die Ihrer Meinung nach falsche Neutralität der Institutionen im laizistischen Frankreich. Wenn den Muslimen verwehrt wird, sich gemäß den demokratischen Spielregeln der Gesellschaft zu entfalten, wird sich der Islam weiter radikalisieren?
Ich stieß mit meinem Buch in Frankreich zuerst auf starke Ableh-

nung. Eine Moschee ist natürlich schön, aber nur in Marrakesch, war die Reaktion. Hier nach Frankreich gehören Kirchtürme, aber niemals Minarette. Diese Gedankenlosigkeit hat mich sehr überrascht. Auch, dass alle überrascht waren, dass ich über die Religionsgeschichte Frankreichs besser informiert war als die meisten Franzosen. Viele wissen nicht, dass es in Frankreich offiziell weder Rasse noch Religion gibt.

Ich habe meinen Kontrahenten gleich zu Beginn der Auseinandersetzung sagen müssen, dass sich die Muslime von früh bis spät dem laizistischen Konzept unterordnen. Ein flexibles Konzept, hinter dem sich viele verstecken. Mal ist es religiöse Freiheit, mal religiöse Einschränkung. Erst nach sechs Jahren kam es zu einem Umdenken. Entscheidend war die Frage einer adäquaten Ausbildung von Imamen.

Gut ausgebildete Imame, gelebte Bürgerrechte, ohne die es keine politischen Mitwirkungsrechte gibt, und ein allen präsenter Islam erscheinen Ihnen als das geeignete Mittel, dem politisch radikalen Islam zu begegnen. Aber hat die Tatsache, dass sich einige Jugendliche in den Banlieues von Paris, Lyon oder Marseille den Islamisten anschließen, nicht andere Ursachen, als eine fehlende Aufklärung innerhalb der islamisch-religiösen Sphäre?

Das stimmt nicht ganz. In Frankreich arbeiten hauptsächlich Imame aus mehrheitlich islamischen Ländern. Sie sind zwar ausgebildet, sprechen aber oft kein Französisch. Einige kommen sogar vom Land, das heißt, sie haben neben Sprachschwierigkeiten zusätzlich das Problem, mit dem Großstadtleben zurecht zu kommen. Um das zu kompensieren, predigen sie einen sehr konservativen Islam. Mangels in Frankreich geschulter Imame erlangen solche Ideologen mit radikalen Parolen überdurchschnittliche Berühmtheit. Und dies, obwohl sie weder etwas von der sozialen Situation in Europa verstehen, noch über tiefere Einblicke in die Religion des Islam selbst verfügen. Solchen Einflussnahmen sollte der Staat, schon aus Eigeninteresse, durch die Errichtung liberaler Ausbildungsstätten für Imame vorbeugen.

In Marseille leben fast 130.000 Muslime. Das birgt eine große Gefahr der Radikalisierung hin zu einem fundamentalistischen Islam, aus welchen Gründen auch immer. Denn eine Moschee mit einem inkompetenten Imam ist wie ein Krankenhaus ohne qualifizierten Arzt.

Sie sind Mufti von Marseille, aber Ihre Tochter und Ihre Frau tragen keinen Schleier. Als einer der wichtigsten Reformer des Islam in Frankreich empfehlen Sie hier lebenden Musliminnen in Schule und Beruf, das Kopftuch abzulegen.

Auf das Kopftuch in Schule und Beruf zu verzichten, ist besser als Nachteile in der Ausbildung und Karriere in Kauf zu nehmen. Der Laizismus in Frankreich und die Bürgerrechte schützen uns als Muslime. Wenn Mohammad heute leben würde, und gläubige Musliminnen kämen zu ihm und fragten, ob sie, da sie durch das Tragen des Schleiers stigmatisiert würden und Nachteile haben, den Schleier ablegen dürften, wüsste man nicht, ob der Prophet ihnen dieses verbieten würde.

Damals sind die Musliminnen zu ihm gekommen und haben gesagt: „Wir wollen den Schleier tragen, damit wir nicht belästigt werden." Der Schleier ist ursprünglich eben kein religiöses Symbol. Ihn zu tragen war eine Empfehlung, durch die die Würde der Frau verteidigt werden sollte. Ähnliche Argumentationen finden sich bereits beim Heiligen Paulus in der Bibel. Die mit dem Tragen des Schleiers verbundenen Praktiken und Regeln haben eben auch eine lange abendländische Geschichte. So drückte man den Rang in einer Hierarchie aus, verwendete Farben und Formen als äußeres Zeichen von Ehrbarkeit.

Frauen haben heute Zugang zu allen Bereichen der Gesellschaft und sie bereichern diese durch ihr Tun. Der Schleier signalisiert nicht mehr die Würde der Frau, sondern Persönlichkeit, Bildung, Erfolg usw. Demgegenüber existiert der Geist der heiligen Texte weiter, aus dem heraus christliche Nonnen bis heute den Schleier tragen.

Dennoch käme eine wortwörtliche Lesart der Texte und des Koran, mit der Folge einer allgemeinen Kleiderordnung, einer Karikatur des Konzeptes von Gott gleich.

Obwohl der Imam nicht die Rolle wie die eines Priesters im Chris-

tentum hat, ist seine Position doch von spiritueller Signifikanz. Würde der von Ihnen vertretene theologische Ansatz zur Akzeptanz liberaler Lebensformen, wie beispielsweise die Akzeptanz der gleichgeschlechtlichen Ehe, führen können? Immerhin eine Freizügigkeit, die die wenigsten Christen anerkennen, jedenfalls im „alten" Europa.

„Du bist nicht auf der Welt, um zu ermahnen, du verfügst nicht wie der Despot über eine solche Machtfülle". Es ist Gott, der sich in diesem Koranvers an den Propheten Mohammad wendet. Das sind Koranaussagen, für die ich stehe. Und als Großmufti der Region Marseille bin ich auch dafür bekannt, dass ich mich für die Akzeptanz von Mischehen und die Toleranz gegenüber der Ehe homosexueller Paare einsetze.

Dahinter steht mein Wunsch nach einem zeitgemäßen Islam. Die Freiheiten in der pluralistischen Gesellschaft sind für europäische Muslime eine wirkliche Chance, neu darüber nachzudenken, wie man den Islam reformieren kann. Wir wollen unsere Religion an den europäischen Rechtsstaatsgedanken und die hiesige soziale Wirklichkeit anpassen.

Ihre Koranexegese und Ihre Methode der Auslegung der Sunna und des islamischen Rechts entsprechen der dialektischen Methode in der Geschichte der islamischen Theologie, deren Hauptvertreter Averroes war. Aber gab es in den letzten 150 Jahren nicht verschiedenste Bestrebungen, die geistige Erneuerung des Islam, die Reformierung des Gesetzesislam zu betreiben, die dann mehr oder weniger eine historische Fußnote geblieben sind?

In der Muqadimma, dem Geschichtsbuch von Ibn Khaldun, geht dieser im Vorwort auf die Mutaziliten ein. Er schreibt, dass es wohl in jedem Dorf Mutaziliten gibt, aber dass sie immer eine Minderheit waren und sind. Es wird wohl leider so sein, dass auch heutige Reformer eher eine Minderheit bleiben und nur von einer Minderheit unterstützt werden.

Der Populismus von Fernsehpredigern, die ihr Islamverständnis und ihre Koraninterpretationen mit den allen massenmedialen Mitteln verbreiten und damit ein Millionen-Publikum erreichen, wird immer erfolgreicher sein. Wenn eine Millionen Menschen etwas schreien, dann gehen die tausend, die etwas anderes sagen, in dem Lärm der Vielen unter. Was zu hoffen bleibt, ist einmal, dass der Bildungsstand sich vor allem in den arabischen Ländern verbessert, und mehr Menschen die Möglichkeit haben, die Argumente, die stark auf Logik und inhaltlicher Kenntnis der Sachlage basieren, zu verstehen. Ich glaube an die Vernunft und die Intelligenz des Menschen, durch die sich Menschlichkeit erst entwickeln kann und halte es mit den römischen Philosophen, die vor ihrem Tod ihre Schriften verbrannten, um so die jüngere Generation dazu zu zwingen, das eigene Denken zu entwickeln und produktiv zu sein.

Als Mufti von Marseille träume ich von dem Tag, an dem die Muslime die heiligen Bücher aller Jahrhunderte beiseite legen. Der Koran interpretiert sich nämlich von selbst. Das ist meine Meinung, die ich auch öffentlich vertrete. Warum treten die religiösen Fanatiker, die Islamisten beziehungsweise Integristen, wie wir sie in Frankreich nennen, das Recht, frei über Religion zu sprechen derart mit Füßen. Niemand kann die Vormundschaft über den Islam übernehmen, auch sie nicht. Und wer sich der Tür zu Gott nähert, sollte sie weit aufstoßen und nicht sofort wieder verschließen. Praktisch heißt dies, dass ich Muslimen nicht von der Ehe mit Nichtmuslimen abrate, auch wenn ich sie nicht dazu ermutige. Ich nehme mir aber nicht das Recht, eine Familie auseinander zu reißen, die auf aufrechten Glauben aufgebaut ist. So interpretiere ich Aussagen im Koran.

Ich fürchte mich auch nicht vor unliebsamen Reaktionen. Ich bin kein Politiker, der gewählt werden will. Als religiöser Mensch möchte ich mein Tun mit meinem Gewissen vereinbaren können. Und wenn sich alle gegen mich stellen, werde ich meine Überzeugungen dennoch nicht aufgeben und das tun, was ich für den richtigen Weg halte.

Ihre Koraninterpretationen finden auch Gehör bei Menschen, die keine universitäre Ausbildung haben, die kein Hocharabisch sprechen, die kein Französisch beherrschen. Dies ruft insbesondere islamistische, integristische Gruppen auf den Plan, die sie offen als einen ihrer Hauptfeinde bekämpfen.

Islamistische Gruppen haben den Islam für ihre Verbrechen missbraucht. Ihr Fanatismus hat die islamische Gesellschaft verändert. In Algerien führte dies zu furchtbaren Auswüchsen. Tausende von unschuldigen Menschen wurden ermordet. Die Angst der Menschen in Europa vor dem islamistischen Islam ist daher berechtigt.
Wenn man aber genauer hinschaut, wie zum Beispiel nach Algerien, erkennt man, dass die meisten Algerier nach wie vor Anhänger eines liberalen, demokratischen Systems sind. Das passt nicht in das grotesk verzerrte Islambild, das im Westen vermittelt wurde.
Die Attentate vom 11. September haben die internationale Staatengemeinschaft alarmiert. Sie bekämpft das Übel jetzt da, wo es auftritt. Es war völlig richtig, das afghanische Volk von seinen Peinigern zu befreien. Die Taliban kamen aus der dunkelsten Ecke des Mittelalters.
Jetzt komme ich zu den Konsequenzen meiner Theologie. Thomas von Aquin, ein großer Christ, stellte die Nicht-Christen seiner Zeit vor die Wahl, sich taufen zu lassen oder zu emigrieren. Ganz gewiss werde ich niemanden derart behandeln und aus der Gesellschaft ausstoßen wollen, selbst wenn ich könnte.
Die Fundamentalisten hetzen gegen mich, weil ich in ihren Augen vom rechten Glauben abgekommen sei. Seit meinen ersten Publikationen stehe ich auf den Todeslisten der algerischen GIA. So haben es die Religionswächter der Islamischen Republik Iran mit Salman Rushdie auch gemacht. Auf den Polizeischutz, unter den mich der damalige französische Innenminister Chevènement stellen wollte, habe ich gerne verzichtet.

In der aktuellen Diskussion spielen Begriffe wie Djihad, Sharia oder der Abfall vom islamischen Glauben eine Schlüsselrolle sowohl auf Seiten westlich orientierter Modernisten als auch bei den Islamisten. Von den in Deutschland und seinen europäischen Nachbarländern lebenden Muslimen erwartet man eine Problematisierung dieser Konzepte und gegebenenfalls eine Distanzierung von ihnen. Der bekannte Pariser Islamgelehrte Mohammad Arkoun geht sogar noch weit über diese Forderung hinaus. Für ihn müsse sich die islamische Welt einer Aufklärung unterziehen. Stimmen Sie dem zu?

Bei allem Respekt vor Professor Arkoun. Der Islam braucht keine eigene Aufklärung. Das Europa des 17. Jahrhunderts hat das schon besorgt. Die Aufklärung ging auch nicht vom Christentum aus. Sie wurde von einem universalen humanistischen Denken getragen und war eher gegen die Kirche gerichtet als in ihrem Sinne.

Das ist auch dem Islam nicht vollkommen fremd. Auch er hat zur Entwicklung von Humanismus und Vernunft beigetragen. Das fortschrittlichere Europa hat davon profitiert. Seine Renaissance und Aufklärung waren letztendlich an denselben Idealen orientiert und hielten an einer universellen Weltsicht fest.

Meine Vision ist die vereinte menschliche Gesellschaft. Ich spreche nicht gern von Globalisierung. Dieser ökonomische Begriff klingt mir zu sehr nach Geschäftemacherei. Ich ziehe den Begriff Universalität vor. Seit 200 Jahren sind wir Zeugen der Entwicklung einer universalen humanistischen Ethik. Ich hoffe, sie findet breitesten Konsens unter den ideengeschichtlich heterogenen Kulturen. Ihr gemeinsames Dach können die Menschenrechte sein.

Hierbei kann die europäische Erfahrung für die islamische Welt sehr nützlich sein. Sie kann von den Errungenschaften und aus den Fehlern lernen, denn sie muss sich darauf vorbereiten, in naher Zukunft im Zeichen der universalen Gesellschaft auch eine Minderheit zu sein.

Ich verabscheue die herbeigeredete Konfrontation zwischen Orient und Okzident, zwischen islamischer, christlicher und moderner Welt. Und ich frage mich immer, wer davon profitiert, solche Frontstellungen zu propagieren. Sicher ist, dass die aktuell angespannte Lage von einer Minderheit heraufbeschworen wurde. Aber dies ist mit Gewissheit nicht der Endpunkt der Geschichte der Menschheit.

Den Koran neu Denken
Für eine humanistischen Hermeneutik
Ein Beitrag von Nasr Hamid Abu Zaid

Ob zum Vor- oder Nachteil: die Welt ist zu einem kleinen Dorf geworden, in dem eine unabhängige, in sich geschlossene Kultur – falls es eine solche überhaupt jemals gegeben hat – nicht mehr existieren kann. Kulturen sind in der Gegenwart aufs Engste miteinander verwoben, sind zum Austausch gezwungen, müssen gegenseitig voneinander lernen. Natürlich, diese Einsicht ist weder neu, noch im modernen Kontext der Globalisierung erfunden worden. Die historische Entwicklung der Zivilisationen belegt dies.

Kulturen befruchteten sich schon immer gegenseitig, von ihrem wahrscheinlichen Anbeginn in den Schwemmgebieten der Flüsse in Schwarzafrika an. Die Hochkulturen in Ägypten und im Zweistromland nahmen die Erfahrungen dieser frühen Menschen in sich auf. Später übernahmen die griechischen Stadtstaaten den zivilisatorischen „Staffelstab" und führten Philosophie, Kunst und Wissenschaft in niemals gekannte Höhen. Ihre Erkenntnisse kehrten in Form des Hellenismus in den Nahen Osten zurück. Im Islam wiederum wurden die hellenistischen, aber auch Teile der indischen und der iranischen Kultur aufgenommen und miteinander vernetzt. In Spanien und Sizilien entstanden später bedeutende kulturelle Brückenköpfe, durch die auch das damals neue Europa Zugang zum humanistischen Weltkulturerbe erhielt.

Betrachtet man die Welt aus einer solchen zivilisationshistorischen Perspektive muss man schlussfolgern, dass den Koran neu zu denken für Muslime überlebenswichtig ist. Dies gilt unabhängig vom aktuellen Kontext westlicher Islamophobie, die sich insbesondere nach dem Trauma des 11. September und den folgenden terroristischen Anschlägen überall in der islamischen wie auch in der nicht-islamischen Welt epidemisch ausbreitete. Und in der der Islam auf eine radikale, gewalttätige Religion reduziert wird.

Dennoch sollte niemand aus meiner Aufforderung den Koran neu zu denken einen missionarischen Eifer herauslesen. Mir geht es nicht darum, diese oder jene Auslegung des Koran zu belegen, Stellung also für diese oder jene religiöse Praxis zu beziehen. Vielmehr ist es meiner Ansicht nach von existenzieller Bedeutung, eine humanistische Hermeneutik als Verfahren den Koran neu zu denken einzuführen. Schon seit dem 18. Jahrhundert gibt es Entwicklungstendenzen in der islamischen Welt, die religiöse 'Tradition' sowie die 'Bedeutung' des Koran neu zu denken. Ich plädiere nicht nur für eine Fortsetzung dieses Neudenkens, sondern möchte seine methodischen Möglichkeiten erweitern. Die humanistische Hermeneutik steht jedem Muslim weltweit zur Verfügung. Ich fordere alle gläubigen Muslime auf, sich an der Diskussion aktiv zu beteiligen, den „Sinn des Lebens" in ihrer eigenen Welt zu formulieren.

In meinen bisherigen Arbeiten habe ich das Konzept der „Offenbarung", *wahy**, analysiert, habe ihre menschliche Dimension dargelegt, die bislang im dominanten Diskurs über den Koran nicht anerkannt wurde. Die menschliche Dimension, auf die ich mich konzentrierte, nenne ich die „vertikale" Dimension, damit bezeichne ich den kommunikativen Prozess zwischen Gott und dem Menschen – insbesondere zwischen Gott und Muhammad.** Diese These über den menschlichen Aspekt des Koran soll einen Schritt weiter entwickeln werden. Von der „vertikalen" Dimension gelangt man so zur „horizontalen" Dimension des Koran.

Unter „horizontaler" Dimension verstehe ich mehr als den Prozess der Kanonisierung des Koran, der im Wesentlichen auf menschliche Bemühungen zurückgeht. Ich habe auch einen anderen Begriff davon als einige Wissenschaftler, die damit den Akt der schrittweisen Verkündigung der Botschaft des Koran, nach dessen Offenbarung, durch den Propheten bezeichnen oder, Mohammad Arkoun folgend, die Verbreitung der Botschaft des Koran durch das „interpretative Corpus".***

---

* wörtl. schnelles Zeichen oder Signal. Nur der Angesprochene erlebt die Ansprache, für andere bleibt sie unbemerkt. Vgl. auch: www.zeit.de/2003/05/Abu_Zaid
** s. Abu Zaid, Mafhûm al-Nass:dirâsa fî 'ulûm al-Qur'ân, Beirut/Casablanca 1990
*** M. Arkoun, Rethinking Islam, common questions, uncommon answers, Westview Press 1994, S.35-40 u. The Unthought in Contemporary Islamic Thought, London 2002, S. 99

„Horizontale" Dimension bezeichnet eine im Koran angelegte Struktur, die sich im Prozess der Kommunikation selbst herausbildet. Sie kann nur begriffen werden, wenn man den Koran nicht mehr nur als „Text", sondern als „Diskurs", vielmehr als „Diskurse" begreift.

Bis heute prägt der Koran als Text, wie ihn das Buch, *mushaf**, beinhaltet, die religiösen Überzeugungen der Muslime. Er ist der zentrale Text vieler islamischer Kulturen. Bei genauerer Analyse des islamischen Kulturbegriffs jedoch finden sich ausschließlich die religiösen Überzeugungen der Eliten wieder. Glaubensüberzeugen des Volksislam gehören nicht dazu. So spielt der rezitierte Koran für die normalen Gläubigen vor allem dann eine Rolle, wenn der Diskurs zur Herausbildung eines öffentlichen Bewusstseins führt.

Für islamische Gelehrte war der Koran seit seiner Kanonisierung immer ein Text. Begreift man den Koran jedoch als „Diskurse" reicht es nicht mehr aus, eine oder mehrere Passagen in Textzusammenhänge zu stellen. Besonders dann nicht, wenn man vor hat gegen eine autoritäre Auslegung, gegen religiösen Fundamentalismus und für die Abschaffung gesellschaftlicher Praktiken zu argumentieren, die nicht mehr in unseren modernen Zusammenhang zu passen scheinen.

Auch die moderne Hermeneutik führt nicht weiter, wenn man die Historizität der Aussagen herausstellen will. Denn die Relativität jeder Art des Verstehens lässt sich nicht dadurch rechtfertigen, dass man behauptet, unsere moderne Interpretation sei die angemessenere und habe eine größere Gültigkeit. Das sind unzureichende Argumentationen. Sie ziehen unweigerlich entweder eine polemische oder eine apologetische Textauslegung des Koran nach sich. Damit wird jedoch nur das Verständnis des Koran als „Text" bestätigt, mit ihm gleichzeitig die 'autoritative' 'totalitäre' Textauslegung, deren ideologischer Kern die Behauptung ist, die absolute Wahrheit erlangen zu können.

Ohne den Koran im Sinne von „Diskursen" neu zu denken, kann eine demokratische Textauslegung nicht erreicht werden. Aber es muss eine demokratische, eine offene Auslegung geben. Denn die

---

* Arabische Bezeichnung für das tatsächlich physisch vorhandene Buch.

Befreiung des religiösen Denkens von seiner Manipulation durch die Macht, sei sie nun politisch, sozial oder religiös begründet, ist Grundvoraussetzung dafür, religiösen „Sinn" an die Gemeinschaft der Gläubigen zu vermitteln. Dazu müssen wir eine offene demokratische Methodik zur Textauslegung ausarbeiten. Die offene demokratische Hermeneutik entspricht der Erfahrungsvielfalt des religiösen Sinns. Vorausgesetzt die Religion wird als Teil der menschlichen Vielfalt des Lebens im Allgemeinen angesehen. Dem religiös begründeten „Sinn des Lebens" unterstelle ich, auch in unseren modernen Lebensverhältnissen, eine positive Werthaftigkeit. Um aber überhaupt den Koran mit der Frage nach dem Sinn des Lebens zu verbinden, muss man von der Vorannahme ausgehen, dass der Koran das Ergebnis von Dialogen, Diskussionen, Hinzufügungen, von Akzeptanz und Verwerfen ist. Und dies nicht nur im Hinblick auf aus der vorislamischen Kultur enthaltene Normen und Gewohnheiten, sondern auch hinsichtlich seiner eigenen früheren Festlegungen, Voraussetzungen, Erklärungen usw.

Es mag zunächst überraschen, wenn ich behaupte, dass in der frühen islamischen Periode, noch bevor der Koran vollständig kanonisiert und ganz bestimmt bevor der Islam völlig institutionalisiert wurde, man um die Unterschiede zwischen dem Koran, dem noch immer lebendigen Diskurs und dem *mushaf*, dem stillen Text sehr genau wusste.

Ali, Muhammads Vetter, Schwiegersohn und vierter rechtgeleiteter Kalif (656–660) behauptete, der *mushaf* sei stumm; er spräche nicht aus sich heraus, sondern werde nur von Menschen gesprochen. Damit wurde die kaum noch rückgängig zu machende, beliebige politische Manipulationsmöglichkeit des Koran etabliert.

Hier ist der Kontext, in dem diese Erklärung entstand, von Bedeutung. Er wirft sein dämmrig vergangenes Licht auf die heutige Situation. Ali befand sich nämlich inmitten eines militärischen und politischen Konflikts. Und seine Gegner verlangten, den Koran schlichtend heranzuziehen, um den Konflikt zu lösen und das Blut der Muslime zu schonen.

Diese Erklärung Alis wird nun von modernistischen Islamgelehrten häufig zitiert, um aufzuzeigen, dass es viele Interpretationsmöglichkeiten gibt. Doch die Möglichkeiten, die Deutung des Koran politisch zu manipulieren, sind vielfältigerer Natur und haben weiter reichende Auswirkungen, als vermutet. Die Vokalisierung des Koran, sei es in der Liturgie, im täglichen Leben, in jedem sozialen, politischen oder ethischen Disput, hat nicht nur eine argumentativ eigene Interpretation zur Folge, sondern auch eine individuell unterschiedliche Art und Weise der Interpretation.

Sie zeigt sich beispielsweise in die Art und Weise der Intonation, der Aneignung und/oder Wiederaneignung, Politisierung usw. Damit ist der Koran als lebendiges Phänomen anzusehen, er ist gleichsam eine Musik, die von einem Orchester gespielt wird, wohingegen der *mushaf*, der geschriebene Text stummen Musiknoten entspricht. Eine Textauslegung des Koran muss gerade diese Lebendigkeit ernst nehmen. Es muss Schluss damit sein, den Koran auf ein „nur Text" zu reduzieren.

Ein Blick in die bisherige Geschichte der Exegese jedoch zeigt, dass der Koran bislang lediglich als Text begriffen wurde. Dieser bedürfe, um ihn richtig zu verstehen, nur der strukturellen und philologischen Analyse. Dabei wurden zwei Grundvoraussetzung stillschweigend hingenommen. Nämlich, dass der Koran wortwörtlich Gottes Wort ist, somit also einen zentralen Logos enthält, der sich lediglich in unterschiedlichen Stilen darstellen kann. Und dass der Koran, als Wort Gottes auf einer deutlichen Dichotomie von „Klarheit–Unklarheit" beruht, also über klare, erklärbare Stellen und dunkle, unerklärbare Passagen verfügt.

Damit lässt sich sowohl die Fähigkeiten, bestimmte Stellen zu verstehen als auch andere nicht zu verstehen begründen. Meine bisherigen Forschungen haben jedoch ergeben, dass eine derartige Dichotomie davon abhängt, was als „Klarheit" und was als „Unklarheit" definiert wird. Der semantischen Manipulation koranischer Deutungen bleibt also Tür und Tor geöffnet.

Die verschiedenen theologischen Schulen haben in der islamischen Geschichte verschiedene Auslegungen herausgebildet, wie entschieden werden kann, worüber „Klarheit" im koranischen Sinne besteht. Was von der einen Schule als „klar" angesehen wird, betrachtet eine andere als „unklar" und umgekehrt. Würde man den Koran dagegen als „Diskurs" verstehen, entstünde ein ganz anderes Paradigma, welches die hier vorgeschlagene humanistische Hermeneutik hervorbringen könnte. Ich will hier nur einige Beispiele geben, um die Charakteristika des koranischen Diskurses aufzuzeigen; ein umfassender und detaillierter Entwurf bedürfte eines Buches.

Wer spricht und wer hört zu? Polyphon, nicht monophon!
Der Koran ist das „Wort Gottes". Über diese Doktrin gibt es keinen Disput. Aber die Diskursstruktur des Koran offenbart Vielstimmigkeit, nicht eine allein beherrschende Stimme. Der Koran als Diskurs ist polyphon und nicht monophon. Es gibt so viele Stimmen in denen der „Ich-" und/oder „Wir-Sprecher" nicht immer die Göttliche Stimme ist. Manchmal wird die göttliche Stimme in der dritten Person als „Er" vorgestellt, manchmal in der zweiten Person als „Du". Die „Er" Offenbarung des Göttlichen, dem der Imperativ 'sage' vorangeht, der von einer anderen, wahrscheinlich unbekannten, Stimme ausgesprochen wird, die sich an Muhammad wendet, findet sich beispielsweise in einer frühen, in Mekka offenbarten Sure:

„Sage: Er ist Gott, ein Einziger, Gott, der souveräne Herrscher. Er hat weder Kinder gezeugt, noch ist Er (selber) gezeugt worden. Und keiner kann sich mit Ihm messen." (Sure 112,1-4)

Nach islamischem Glauben könnte es sich bei dieser nicht identifizierten Stimme um die Stimme Gabriels handeln, des Mittlers und des göttlichen Boten, der Muhammad „Seine" Botschaft verkündet. Als Gesandter verkündet er Gottes Wort mit seiner eigenen Stimme. Er handelt nur im Auftrag des Göttlichen.

Im Folgenden muss aber die implizit göttliche Stimme, die Muhammad durch die Stimme des Engels durchscheint, dem Volk durch Muhammad selbst auch deutlich werden. Es, das Volk, ist schließlich die Zielgruppe der Botschaft. Der Diskursmodus aller drei beteiligten Stimmen „erschließt" erst die Botschaft dieser Sure.

In den chronologisch gesehen zuerst verkündeten Suren des Koran, in denen offensichtlich Muhammad Ansprechpartner ist (Sure 96, Verse 1–5), ist die Stimme des Sprechers die Stimme des Engels, der ihm bei der Höhle von Hirâ' erstmals, eventuell zum zweiten Mal, erscheint, und der Muhammad beim Herrn einführt. Der

Herr, also Gott, wird hier in der dritten Person vorgestellt. In dieser ersten ausgesprochenen Botschaft drückt die Stimme des Engels wohl nicht die göttliche Stimme aus. Sie liefert eher Informationen über Ihn. Wiederum ergibt sich „die Botschaft" aus dieser Art des Diskurses.

„Trag vor, im Namen deines Herrn, der erschaffen hat, den Menschen aus einem Embryo erschaffen hat! Trag vor! Dein Herr ist edelmütig wie niemand auf der Welt, (er) der den Gebrauch des Schreibrohrs gelehrt hat, den Menschen gelehrt hat, was er (zuvor) nicht wusste." (Sure 96, Verse 1–5)

Aus der Darstellung in der 'Prophetenbiographie' erfahren wir, dass Muhammad zögerte, der Aufforderung des Engels „vorzutragen" nachzukommen. Dies könnte bedeuten, dass Muhammad bereits in eine bestimmte 'Rezitation' im Namen einer bestimmten Göttlichkeit involviert war, wogegen der Engel von ihm verlangte, seine Rezitation wiederherzustellen. Die Diskursstruktur unterstützt diese Vermutung durch das zweimalige Hervorheben des imperativen 'trag vor'.

Im Loblied oder in den liturgischen Passagen ist darüber hinaus die Stimme des Sprechers die menschliche Stimme, und der Adressat ist das göttliche Wesen. Das beste Beispiel ist die Anfangssure des Koran, die in den täglichen fünf Pflichtgebeten von jedem Muslim rezitiert wird.

„Lob sei Gott, dem Herrn der Menschen in aller Welt, dem Barmherzigen und Gütigen, der am Tag des Gerichts regiert! Dir dienen wir und dich bitten wir um Hilfe. Führe uns den geraden Weg, den Weg derer, denen du Gnade erwiesen hast, und die nicht dem Zorn (Gottes) verfallen sind und nicht irregehen!" (Erste Sure, Fatiha)

Interessanterweise wird die Rezitation dieser Sure als Erflehen einer Antwort Gottes betrachtet. Jedoch während die Rezitation explizit ausgesprochen wird, bleibt die göttliche Antwort implizit, unausgesprochen. Mit anderen Worten: Der Rezitator muss die Verse langsam sprechen und Pausen machen, um eine Antwort zu erhalten. Dies impliziert, dass die Rezitation der Sure die beiden untrennbar miteinander verbundenen Dimensionen der Rezitation des Koran, Vokalisierung und aufmerksames Hören (*sama'*) enthält. Der folgende Bericht wurde als ein Hadith (*qudsî*) überliefert, in dem Gott sagt:

„Salât (Gebet) ist zu gleichen Teilen zwischen Mir und Meinen Dienern geteilt. Wenn er sagt, Lob sei Gott, dem Herrn der ganzen Welt, sage Ich, Mein Diener hat Mich gepriesen; wenn er sagt, der Barmherzige und Gütige, sage Ich, Mein Diener hat mich gepriesen; wenn er sagt, der Herrscher am Tag des Gerichts, sage Ich, Mein Diener hat mich verherrlicht; wenn er sagt, Dich beten wir an und von Dir erbitten wir Hilfe, sage Ich, das ist zwischen Mir und Meinem Diener alles, worum Mein Diener bat, wird gewährt; wenn er sagt, leite uns auf dem rechten Weg, dem Weg derer, die Du gesegnet hast und nicht auf dem Weg derer, die Dir Ärger bereitet und nicht derer, die vom Wege abgekommen sind, sage Ich, diese sind für meinen Diener und alles ist für ihn gesichert."

Diese Art eines impliziten Dialogs zwischen Mensch und Gott, in dem der Mensch, der Gottes Rede vorträgt, zum Sprecher wird, und Gott, der nicht anwesende Sprecher des 'rezitierten' Koran zum Angesprochenen wird, ist sehr deutlich in der Struktur des Koran angelegt. Innerhalb der polyphonen Struktur des koranischen Diskurses stellt der 'Dialog' eine weitere Charakteristik dar, wie hier gezeigt werden soll.

Dialogisieren (die Ungläubigen)

Zur Anführung häufig vorkommender Beispiele des 'Dialogisierens' reicht es aus, auf die Kategorie der 'sprich!-Passagen' in der Encyclopedia of Islam zu verweisen, in denen die Struktur 'sie sagen...du sagst' vorkommt. Ein 'Dialog' kann polemisch, apologetisch, aber auch inklusiv oder exklusiv sein. Er kann sowohl produktiv als auch destruktiv sein. Wir beschränken uns hier auf drei Dialogtypen, die nach dem Adressaten geordnet werden: Auf den Dialog mit den Ungläubigen, auf den mit den Juden und Christen Arabiens und auf den Dialog mit den Gläubigen.

Der Dialog mit den Ungläubigen, den Polytheisten in Mekka, begann friedfertig und ruhig, verschärfte sich aber schrittweise. In der ersten Verhandlung zwischen Muhammad und den Heiden in Mekka, schlugen sie ihm als Lösung vor, dass wenn er ihre Götter respektiere, sie im Gegenzug auch seinen Herrn anerkennen würden.

Vor dem Hintergrund dieses sanften, ruhigen Dialogs sieht es so aus, als habe Muhammad akzeptiert. Im Zusammenhang dieser Geschehnisse ist eine merkwürdige Geschichte aus alten historischen Quellen überliefert. Sie besagt, dass, als Muhammad vor mehreren mekkanischen Heiden Sure 53 vortrug, in dem Moment, als er an die Stelle mit den Namen von dreien ihrer Hauptgötter kam, die in den Versen 19 und 20 erwähnt werden, ergänzend von Muhammad zwei kurze Verse vorgetragen wurden: „Sie sind hoch fliegende Kraniche (*gharânîq*)/ auf deren Fürbitte (bei Gott) man hoffen kann." Und als der Prophet in seiner Rezitation beim letzten Vers der Sure angelangt war, „Werft euch vor Gott nieder und dienet Ihm," warfen sich die Polytheisten gemeinsam mit den Muslimen als Zeichen der Versöhnung zwischen Muhammad und den Mekkanern nieder. Dies ist zumindest ein Beleg für die friedliche Atmosphäre.

Muslime aber lehnen die Geschichte als eine spätere Erfindung ab, wohingegen die meisten europäischen Biographen Muhammads sie als historisch verbürgt annehmen. Wir wollen hier nicht in diese Debatte eingreifen, weil der Koran selbst auf dieses Ereignis in Sure 22 anspielt, die Gültigkeit dieser beiden Verse in Frage stellt und sie einer satanischen Einmischung in Muhammads Zunge zuschreibt, eine Einmischung, die ausgemerzt werden müsse.

„Und wir haben vor dir keinen Gesandten oder Propheten (zu irgendeinem Volk) geschickt ohne dass ihm, wenn er etwas wünschte, der Satan (von sich aus etwas) in seinen Wunsch unterschoben hätte. Aber Gott tilgt dann (jedesmal), was der Satan (dem Gesandten oder Propheten) unterschiebt. Hierauf legt Gott seine Verse (eindeutig) fest. Er weiß Bescheid und ist weise." (Sure 22, Vers 52)

Ob nun diese Abwertung einen Verhandlungsprozess reflektiert oder nicht, Tatsache ist, dass es einen koranischen Beweis für die historische Existenz des Vorfalls gibt. Die Abwertung könnte als erster Schritt hin zur absoluten Trennung zwischen 'Monotheismus' und 'Polytheismus' gesehen werden. Tatsächlich fand diese Trennung schrittweise statt.

Zunächst kommt sie in einer der frühen Suren zum Ausdruck, in der eine unbekannte Stimme – vielleicht wieder die Stimme des Engels – Muhammad anweist, nicht mehr mit den Ungläubigen, den Polytheisten zu verhandeln, sondern seine Überzeugung von ihrer abzugrenzen.

„Sag: Ihr Ungläubigen! Ich verehre nicht, was ihr verehrt, und ihr verehrt nicht, was ich verehre. Und ich verehre nicht, was ihr (bisher immer) verehrt habt, und ihr verehrt nicht, was ich verehre. Ihr habt eure Religion, und ich die meine." (Sure 109. 1-6)

Die Betonung durch die Wiederholung der Tatsache, dass es keinen Weg gibt, deutet auf eine starke Opposition auf Seiten der Ungläubigen hin und steht der Einladung Muhammads zum gemeinsamen Beten entgenen. Die Stilstruktur der obigen kurzen Sure enthüllt die Existenz des Dialogs in den die Sure eingebunden ist.

Anlässlich eines Angriffs auf Muhammad, der die Autorität seiner Prophetenschaft in Frage stellt, muss der Koran Muhammad verteidigen. Die Mekkaner stellten die Echtheit der göttlichen Quelle des Koran in Frage. Damit wurde auch Muhammads Aufrichtigkeit, Ehrenhaftigkeit und Glaubwürdigkeit – ja seine Vertrauenswürdigkeit überhaupt – in Frage gestellt.

Dies führte dazu, dass der Dialog in eine polemische Konfrontation umschlug. Auf die Behauptung, Muhammad habe den Koran gefälscht und erfunden, antwortet dieser zwar und er widerspricht ihr auch – jedoch ohne selbst zu polemisieren. Dies ist ein weiteres Merkmal der 'Diskurs'-Struktur, seine Erwiderung ist in einen anderen impliziten oder expliziten Diskurs eingebunden.

Die Araber versuchten mit allen Mitteln, sich die ungewöhnliche Wirkung, die der Koran auf sie hatte, zu erklären. Sie zogen alle Arten von ihnen bekannten Diskursen zur Deutung heran, von 'Wahrsagerei' über Poesie und bis hin zur Hexerei. Alle ihre Deutungen werden im Koran erwähnt und zurückgewiesen. Als die Ungläubigen dann den Koran der Sache nach zur 'Dichtung' erklärten und dem Propheten vorwarfen, diese verfasst zu haben, wird ihnen geantwortet: „Und wir haben ihm nicht die Dichtkunst gelehrt. Die steht ihm nicht an." (Sure 36, 69)

Als sie sagen, Muhammad sei nichts als ein Wahrsager, erwidert der Koran: „Du bist ja dank der Gnade deines Herrn weder ein Wahrsager noch besessen (wie die Ungläubigen behaupten)." (Sure 52,29)

Im Zusammenhang dieser Debatte behaupteten die Ungläubigen, der Koran sei nichts anderes als eine Sammlung von Geschichten, die Muhammad erfunden habe und von denen er behaupte, sie seien ihm von Gott offenbart. Sie behaupteten, sie wären dazu in der Lage, eine ähnliche Rede zu erfinden. Angesichts derartiger Herausforderung, ging der Koran zum Gegenangriff über und verlangte von Ihnen: „Dann bringt doch zehn Suren bei, die ihm gleich, und die (von euch) ausgeheckt sind." (Sure 11, Vers 13)

Als die Ungläubigen diese große Herausforderung nicht meistern konnten, reduzierte der Koran die Aufgabe von 'zehn' Suren auf nur 'eine' (Sure 10, Vers 38), um es ihnen leichter zu machen. Schließlich wurde das vollständige Scheitern der Ungläubigen offensichtlich, die Authentizität des Koran in Frage stellen zu können:

„Und wenn ihr hinsichtlich dessen, was wir auf unseren Diener (als Offenbarung) herab gesandt haben, im Zweifel seid, dann bringt doch eine Sure gleicher Art bei und ruft, wenn (anders) ihr die Wahrheit sagt, an Gottes Statt eure (angeblichen) Zeugen an! Wenn ihr das nicht tut – und ihr werdet es nicht tun –, dann macht euch darauf gefasst, dass ihr in das Höllenfeuer kommt, dessen Brennstoff Menschen und Steine sind, und das (im Jenseits) für die Ungläubigen bereitsteht!" (Sure 2, Verse 23-24)

Man muss darauf hinweisen, dass dieser Streit und diese Debatte mit den polytheistischen Arabern die Lehre des *i'jâz* begründete, der stilistischen und literarischen Unvereinbarkeit und der Vorherrschaft des Koran.

Dialogisieren (die Gläubigen)

Eine weitere, verbreitete Form des Dialogs ist der mit den Gläubigen in der Art: „Sie werden Dich fragen (Muhammad) ... du sage".

Sie kommt an 15 Stellen des Koran vor. Diese Fragen, auf die der Koran antwortet, betreffen unterschiedliche Themenbereiche. Fragen wurden zu Wein und zum Glücksspiel (Sure 2, Vers 219) zu Waisen (Sure 2, Vers 220), zur Menstruation (Sure 2, Vers 222) zu Speisevorschriften (Sure 5, Vers 4) zum Spenden (Sure 2, Verse 215, 219) zum Verbot, während des heiligen Monats zu Krieg zu führen (Sure 2, Vers 217) und zur Kriegsbeute (Sure 8 Vers 1) aufgeworfen.

Durch die Antworten auf diese Fragen wurde nach und nach der Großteil der gesetzgebenden Aspekte des Koran formuliert. Auf diese Weise drückt sich dialogisch, die Interaktion des Koran mit den Interessen der Menschen aus.

Trotzdem bleibt die Frage, ob die Antworten, die im Dialogzusammenhang gegeben wurden, als endgültige Gesetzgebung angesehen werden können? Wie ist mit unterschiedlichen Antworten auf dieselben Fragen zu einem Thema umzugehen? Nehmen wir zum Beispiel die Heirat von Männern und Frauen unterschiedlichen Glaubens, die in jeder Diskussion über Menschenrechte im Islam herangezogen wird. In Sure 5, Vers 5 wird es Muslimen erlaubt, nicht muslimische Frauen zu heiraten. Diese Erlaubnis scheint in Sure 2, Vers 221 widerrufen worden zu sein.

Es stellt sich die Frage, welche Regel gilt? Die zweite Frage, die erst heute, in der modernen Zeit gestellt wird, ist, ob dies nur den Muslimen erlaubt ist oder ob die Erlaubnis nicht auch auf Musliminnen erweitert werden muss.

Von Ibn Rushd erfahren wir die beiden Positionen der Juristen. Die Argumentation derer, die an der Heirat unter Gleichreligiösen festhalten, stützt sich auf Sure 2, Vers 221. Hier wird allgemein festlegt, dass es vorzuziehen sei, eine Muslimin zu heiraten. In Sure 5 Vers 5 dagegen wird eine Einzelfallregelung behandelt. Die Position derjenigen, die die Heirat zwischen Personen unterschiedlichen Glaubens gestatten, gründet sich darauf, dass sie argumentieren, Sure 2, Vers 221 wäre durch Sure 5 Vers 5 aufgehoben.

Wenn wir den Koran als einen Diskurs verstehen, können wir weit über die juristische Betrachtung hinausgehen; bei der Formulierung von Gesetzen wird dagegen ein Bestand festgeschrieben. Dabei könnte jeder der beiden Verse als ein unabhängiger Diskurs betrachtet werden. In Sure 2, Vers 221 kommt die Position des Nicht-Verhandelns mit den Polytheisten zum Ausdruck. Dagegen spricht Sure 5 Vers 5 von der „Gemeinsamkeit" im sozialen Leben. Es geht also nicht darum, gesetzliche Regelungen zu rechtfertigen, sondern darum, die ‚guten Dinge' zu legalisieren. Das fängt mit den ‚Speisen' an. Sie sind nicht nur für Muslime verbindlich sondern ‚die Speisen der Muslime' sind auch für die Leute des Buches vorgeschrieben.

„Heute sind euch die guten Dinge (zu essen) erlaubt. Und was diejenigen essen, die (vor euch) die Schrift erhalten haben, ist für euch erlaubt und (ebenso) was ihr esst, für sie." (Sure 5, Vers 5)

Dies ist primär ein Diskurs über die 'guten Dinge, die erlaubt sind'; als erste Beispiel dieser 'guten Dinge' wird angeführt, sein Essen zu teilen. Die Heirat zwischen Gläubigen und Ungläubigen wird hier als ein Teil dieser 'guten Dinge' vorgestellt, womit die implizite Aufforderung nach sozialer 'Gemeinschaft' betont wird.

„Und (zum Heiraten sind euch erlaubt) die ehrbaren gläubigen Frauen und die ehrbaren Frauen (aus der Gemeinschaft) derer, die vor euch die Schrift erhalten haben, wenn ihr ihnen ihren Lohn gebt, (wobei ihr euch) als ehrbare (Ehe)männer (zu betragen habt), nicht als solche, die Unzucht treiben und sich Liebschaften halten. Und wer den (rechten) Glauben leugnet, dessen Werk ist hinfällig. Und im Jenseits gehört er zu denen, die (letzten Endes) den Schaden haben." (Sure 5, Vers 5)

Bezogen auf die moderne Frage nach der Gleichstellung von Eheschließungen zwischen Angehörigen verschiedener Religionsgruppen, reicht es hier aus, hervorzuheben, dass der Adressat des koranischen Diskurses in Fragen von Heirat und Scheidung, die Männer sind. Schließlich entstand der Diskurs in einem patriarchalischen Umfeld. Da Männer die Adressaten sind, kann man verstehen, dass die Erlaubnis zu heiraten, sich scheiden zu lassen oder seine weiblichen Verwandten zu heiraten Männern erteilt wird.

Wenn wir dies erkennen wird deutlich, dass wir in einer besseren Ausgangslage wären, wenn wir uns – entsprechend unseres Bedeutungswandels, für den Gleichberechtigung eine wesentliche Grundlage bildet – dafür aussprächen, dass die Gleichberechtigung bei Heiraten zwischen Religionsgemeinschaften möglich ist. Die von heutigen Rechtsgelehrten, (*ulama*), vorgebrachte Rechtfertigung, die die klassische Position unterstützt, könnte leicht verhandelt werden.

Bezüglich der modernen Frage der Gleichstellung in Mischehen, genügt es hier zu sagen, dass die *ulama* noch immer an die Überlegenheit des Mannes in Familienangelegenheiten glauben. Deshalb argumentieren sie, dass der Glaube von nicht-muslimischen Ehefrauen, die mit muslimischen Männern verheiratet sind, respektiert wird. Wenn eine muslimische Frau mit einem Nichtmuslim verheiratet ist, befürchten sie, dass der nicht-muslimische Ehemann den Glauben seiner muslimischen Ehefrau nicht respektiert.

Sie führen an, dass der Islam als letzte Offenbarung Gottes, beiden, Judentum und Christentum, Respekt entgegenbringt; deshalb ist der Glaube einer nicht islamischen Frau, die mit einem Muslim verheiratet ist, vom Glauben des Mannes geschützt. Der Umkehrschluss ist nicht möglich, weil das Christentum nur das Judentum anerkennt und das Judentum weder Christentum noch Islam anerkennt.

Es ist offensichtlich, dass die *ulama* noch immer in der patriarchalen ‚Weltsicht', die religiös legitimiert wird, verhaftet sind. Die Heiratsentscheidung ist – oder sie sollte es sein – die Entscheidung des Individuums. Es ist ihre oder seine Entscheidung, die Bedingungen zu formulieren, die sie oder er für das zukünftige Leben mit ihrem Gatten oder seiner Gattin wünschen. Es ist keine Frage der Mischehe. Es geht darum, die individuelle Freiheit, die die Freiheit der Religion und des Glaubens beinhaltet, herzustellen.

Hier ist nicht genug Raum, um diese komplexe Thematik weiter auszuführen. Es reicht zu erwähnen, dass es keine einzige Sure im Koran gibt, die zu einer Bestrafung oder zu einer gesetzlichen Verurteilung für den Abfall vom Glauben auffordert. Religionsfreiheit „ohne Zwangsausübung" wird ausführlich selbst bei traditionellen *ulama* erwähnt, meist jedoch als Rechtfertigung.

Aushandlung

Kommen wir auf unser Beispiel zurück. Die Position, mit den Polytheisten nicht zu verhandeln, zieht einen ausschließenden Diskurs nach sich. Die Kommunikation findet nur noch als Streit, als Debatte oder als Ablehnung statt. Der Diskurs mit den Gläubigen andererseits richtet sich nach der Art und Weise, wie für deren Probleme Lösungen angeboten werden. Sofern man Erfolg hat, wird man gepriesen, wenn man scheitert wird man zur Verantwortung gezogen oder sogar verdammt.

Dies gilt auch für den Propheten selbst. Er schenkte einem armen Blinden, der zu ihm kam, um ihn um Rat zu fragen – und den die frühen Exegeten als Ibn Umm Maktûm identifizierten – keine Aufmerksamkeit. Er war damit beschäftigt, den reichen Bewohnern von Quraysh zu predigen, in der Hoffnung, dass diese die neu gebildete Gemeinschaft der Gläubigen stärken würden. Im Koran wird Muhammads Haltung streng verurteilt. Er wird, als Zeichen für seine Pflichtvergessenheit, in der 3. Person angesprochen.

„Er zog die Stirne kraus und wandte sich ab, (darüber unwillig) dass der Blinde zu ihm kam. Aber wer weiß, vielleicht will er sich (von seinem bisherigen sündigen Leben) reinigen oder (solange es noch Zeit dazu ist) sich mahnen lassen, so dass ihm die Mahnung nützt? Wenn einer (auf Grund seines Ansehens und Reichtums) selbstherrlich auftritt, kommst du ihm bereitwillig entgegen, ohne dir etwas daraus zu machen, dass er sich nicht reinigen will. Wenn dagegen einer (voll guten Willens) zu dir gelaufen kommt und dabei gottesfürchtig ist, hast du nichts für ihn übrig." (Sure 80 Verse 1-10)

Der koranische Diskurs mit dem Volk der Bibel, den Juden und den Christen (*nasârâ*), ist der Verhandlungsdiskurs par excellence. Es ist eine bekannte Tatsache, dass der Prophet Muhammad und seine Frau Khadîjah einen christlichen arabischen Priester – nämlich Waraq b. Nawfal, einen Vetter Khadîjahs – um Rat fragten. Grund der Konsultation war die erste Begegnung Muhammads mit dem Heiligen Geist während einer Vision, die er meditierend auf dem Berg Hirâ hatte.

Man muss auch unbedingt erwähnen, dass der erste muslimische Auszug *hijra* nach Abessinien führte. Um der Verfolgung durch die Bewohner Mekkas zu entgehen, befahl der Prophet den Muslimen dorthin zu gehen, wo nach seinen eigenen Worten: „ein christlicher König herrscht, der niemals jemandem Unrecht tut."

Die Muslime genossen dessen Schutz und Gastfreundschaft. Während ihres Aufenthaltes in Abessinien, besuchte eine Delegation aus Mekka den Herrscher und versuchte ihn dazu zu bewegen, die Muslime nach Mekka zurückzuschicken. Die Gesandten aus Mekka erzählten dem Negus, dass diejenigen, die seinen Schutz und seine Gastfreundschaft genossen, nur einige Rebellen seien, die gegen ihre eigene Religion protestierten und nicht zum Christentum sondern zu einer unbekannten Religion konvertiert seien.

Um den Negus gegen die Muslime aufzubringen, erzählten sie ihm, dass diese sich gotteslästerlich über Jesus Christus geäußert hätten. Als der Kaiser die muslimischen Flüchtlinge nach ihrem Glauben und ihrer Haltung gegenüber Jesus Christus befragte, lasen sie ihm eine Passage des Kapitels über „Maria" (Maryam in Arabisch) aus dem Koran vor.

„Sohn der Maria" ist eine der meist gebrauchten Bezeichnungen des Koran für Jesus, womit seine menschliche Natur betont werden soll. Dennoch spricht der Koran auch von Jesus als einem „von Gott gesandten Geist", der durch den Heiligen Geist, „Sein Wort in Maria Ansehen erlangte". Darüber hinaus war es dem Koran zufolge Jesus, der „Ahmad" – Muhammad – als zukünftigen Propheten weissagte.

„Und (damals) als Jesus, der Sohn der Maria, sagte: 'Ihr Kinder Israel! Ich bin von Gott zu euch gesandt, um zu bestätigen, was von der Thora vor mir da war, und einen Gesandten mit Namen Ahmad zu verkünden, der nach mir kommen wird.' Als er mit den klaren Beweisen zu ihnen kam, sagten sie: 'Das ist offensichtlich Zauberei'." (Sure 61, Vers 6)

Erst infolge des Auszugs nach Medina kamen die Muslime in wirklichen Kontakt mit den jüdisch-arabischen Stämmen, die lange zuvor aus dem Jemen eingewandert waren und sich in Medina niedergelassen hatten. Das berühmte „Abkommen von Medina" zwischen dem Propheten und sowohl den jüdischen als auch den heidnischen Stämmen, deutet klar auf eine grundlegende Gleichstellung zwischen allen Völkern hin, die damals in Medina lebten. Die freie Religionsausübung wurde allen gleichermaßen garantiert, solange alle Parteien die Stadt gegen feindliche, äußere Angriffe oder Eindringlinge verteidigten. Hinsichtlich der verschiedenen religiösen Glaubensrichtungen war die Gleichstellung im Grunde garantiert, es sei denn, es würde ein Krieg gegen die Muslime begonnen werden. Erst in diesem Fall galten die Regelungen für Kriegszeiten, wie sie zu der Zeit üblich waren.

In diesem Zusammenhang schreibt der Koran „ siyâm" – Fasten, für Muslime vor, wobei die Muslime ihre Gebete in die gleiche Richtung auszurichten hätten, wie die jüdischen Betenden, also nach Jerusalem. Aber die Beziehung zwischen der muslimischen und der jüdischen Gemeinschaft setzte sich nicht so konfliktfrei fort, wie sie zunächst begonnen hatte. Ein polemischer Streit stand drohend im Raum, in den der Koran eingriff. Damit begann die einst gemeinsame Religionsgeschichte, sich im Islam aufzulösen, alle Propheten eingeschlossen von Adam bis Jesus.

„Diejenigen, die glauben, und diejenigen, die dem Judentum angehören, und die Sabier und die Christen, – (alle) die, die an Gott und den jüngsten Tag glauben und tun, was recht ist, brauchen (wegen des Gerichts) keine Angst zu haben, und sie werden (nach der Abrechnung am jüngsten Tag) nicht traurig sein." (Sure 5 Vers 69)

„Zwischen denjenigen, die glauben, denjenigen, die dem Judentum angehören, den Sabiern, den Christen, den Zoroastriern und denjenigen, die (dem einen Gott andere Götter) beigesellen, wird Gott am Tag der Auferstehung entscheiden. Er ist über alles Zeuge." (Sure 22, Vers 17)

„Und sag: (Es ist) die Wahrheit (die) von eurem Herrn (kommt). Wer nun will, möge glauben, und wer will, möge nicht glauben! Für die Frevler haben wir (im Jenseits) ein Feuer bereitet, das sie (dann) mit seinen Flammen vollständig einschließt." (Sure 18, Vers 29)

„Diejenigen, die (zuerst) gläubig, hierauf ungläubig und hierauf (wieder) gläubig waren und hierauf (wieder) ungläubig geworden sind und hierauf dem Unglauben (immer mehr) verfallen, denen kann Gott unmöglich vergeben, und er kann sie unmöglich einen rechten Weg führen." (Sure 4, Vers 137)

„Diejenigen (aber), die ungläubig geworden sind, nachdem sie gläubig waren, und hierauf dem Unglauben immer mehr verfallen, deren (verspätete) Buße wird nicht angenommen werden." (Sure 3, Vers 90)

Die Änderung der Gebetsrichtung der Muslime von Jerusalem nach Mekka könnte das erste Zeichen einer scharfen Abgrenzung zwischen den beiden Gemeinschaften sein. Der polemische Streit erreichte manchmal den Grad einer schroffen gegenseitigen Verurteilung und manchmal eine Art „wirklicher Erinnerung" an die Gnade Gottes für die Söhne Israels.

Der Streit in all seiner Polemik kann in Sure 2, genannt „die Kuh", nachverfolgt werden. Sie vermittelt bestimmte Erzählhaltungen, die die Arroganz der Söhne Israels gegenüber ihren Propheten widerspiegeln sollen, deren einfache Anforderungen zu erfüllen. Bemerkenswert ist die häufige Benutzung der Imperativform des Verbs „erinnern", direkt an die Söhne Israels gerichtet, ungefähr 19 mal allein in Sure 2. Voran gehen verschiedene Erzählpassagen zur jüdischen Geschichte und der Weigerung, dem rechten Pfad zu folgen.

Wenn man hierbei nicht die diskursive Struktur anerkennt, ist es sehr wahrscheinlich, dass man sich bis heute mit diesem selben (negativen) Diskurs an die Juden richtet. In der Diskursanalyse steht aber nicht nur die Frage der Kontextualisierung im Mittelpunkt. Vielmehr geht es darum, was der Diskurs über die Kontexte vermittelt und wie er es tut. So besteht die Aufgabe darin, zu fragen, was historisch und was universal gültig ist, eine Frage, die alle modernen, liberalen muslimischen Gelehrten beschäftigt, und die sie in Angriff nehmen müssen.

Weil sie sich jedoch auf den Koran als reinen „Text" beziehen, bleiben konservative Auslegungen am Ende siegreich. Die Liberalen müssten dagegen zum Beispiel den Begriff der „Zusammengehörigkeit" als universellen Antipoden gegen das Prinzip der „Feindschaft" in den Vordergrund stellen. Dann würde sich die Relevanz der „Feindschaft", negativ gewertet, auf die Vergangenheit beschränken. Die Konservativen argumentieren damit, dass sie das Prinzip der „Aufhebung" aktualisieren, nach der später offenbarte Suren Gültigkeit haben, und nach der die „Zusammengehörigkeit" historisiert werden kann.

Dadurch wird das Prinzip der Feindschaft zwischen Judentum und Islam universalisiert. Im gegenwärtigen Zusammenhang des ungelösten palästinensisch-israelischen Traumas, bleibt die Frage, wessen Textauslegung oder wessen Deutung gültig ist?

Das gleiche gilt für die polemische Auseinandersetzung mit den Christen über das Wesen von Jesus. Wie schon erwähnt, lässt der Koran Jesus die Ankunft eines Propheten namens Ahmad voraussagen. Und wir haben auch gesehen wie die „Mariensure" (Sure 19) am Hof des äthiopischen Kaisers im Beisein des Bischofs rezitiert wurde. Ein vergleichendes Lesen dieser Sure mit dem Matthäus Evangelium enthüllt schnell einen gemeinsamen Ursprung. Trotzdem gibt es einen nicht verhandelbaren Gegensatz, durch den die Kluft zwischen Muslimen und Christen groß gehalten wird. So groß, dass auch hier eine positive Begriffsdeutung von „Zusammengehörigkeit" fast in Vergessenheit geraten ist.

Nach dem Koran ist Jesus menschlicher Natur. Seine göttliche Natur wird als kirchliches Dogma betrachtet. Analog zur Auseinandersetzung des Koran mit den Juden, beschränken wir uns auch beim Streit mit den Christen auf eine Sure. Und zwar die dritte Sure des Koran, in welcher gleich zu Beginn in Vers 3 für die Glaubwürdigkeit aller offenbarten Schriften eingetreten wird.

„Er hat die Schrift mit der Wahrheit auf dich herabgesandt als Bestätigung dessen, was (an Offenbarungsschriften) vor ihr da war. Er hat auch die Thora und das Evangelium herabgesandt, (schon) früher, als Rechtleitung für die Menschen. Und er hat die Rettung herabgesandt." (Sure 3, Vers 3)

In Vers 4 dagegen wird die Möglichkeit eines Missverständnisses eingeräumt, als ob man den geteilten Boden so gut wie möglich zusammenhalten wolle. Wir müssen den Streit in seinem Kontext betrachten. Während der Koran Jesus als „Wort" von Gott anerkennt (Vers 45) und die Apostel als Muslime präsentiert (Vers 52), wurde in der früheren Mariensure mit eindeutigen Bezug auf Jesus behauptet: „Ich bin ein Diener Gottes". Darin scheint die Verwirrung der Christen von Najrân begründet zu liegen, die nach Medina kamen, um mit Muhammad zu diskutieren. Denn die Diskussion wurde immer hitziger, wahrscheinlich nach der Erklärung, dass die wundersame Geburt Jesu, von einer Mutter die nie Verkehr mit einem Mann hatte, keinen Unterschied zu Adam machen würde und beide Fälle seien genau gleich.

„Jesus ist (was seine Erschaffung angeht) vor Gott gleich wie Adam. Den schuf er aus Erde. Hierauf sagte er zu ihm nur: sei! da war er." (Sure 3, Vers 59)

Dann stellte der Koran ernsthafte religiöse Anforderungen, die Angst bei den Mitgliedern der Delegation zu schüren schienen. Ganz deutlich können wir hier die „Macht" des Diskurses erkennen, oder anders ausgedrückt, den Diskurs als „Autorität". Ein solch wirkungsmächtiger Diskurs konnte nicht in einem Mekka verhandelt worden sein. Aus dem einfachen Grund, weil dort nur eine kleine Gruppe verfolgter Muslime lebte. Aus den Quellen wissen wir, dass sich die Mitglieder der christlichen Delegation zurückzogen, weil sie es vorzogen, eine jährliche Geldsumme *jizya* als Tribut zu zahlen, als einen möglichen Fluch durch den Koran heraufzubeschwören.

„Und wenn nun nach (all) dem Wissen, das dir (von Gott her) zugekommen ist, (irgend) welche (Gesprächspartner) mit dir darüber streiten, dann sag! ‚Kommt her! Wir wollen unsere und eure Söhne, unsere und eure Frauen und uns und euch (Männer) selber (zusammen)rufen und hierauf (jede Partei für sich) einen (gemeinsamen) Eid leisten und den Fluch Gottes auf diejenigen kommen lassen, die lügen.' (Dann wird sich zeigen, wer von uns im Besitz der Wahrheit ist.)" (Sure 3, Vers 61)

Das nicht verhandelbare Thema war die Göttlichkeit Jesu, weder als Gott noch als Sohn. Dieser christliche Glaubenssatz ist für die Muslime absolut inakzeptabel, ebenso wie es keine Verhandlungsmöglichkeit mit den Polytheisten gab. Fortan nennt der Koran alle, die an Jesu Göttlichkeit glauben entweder Polytheisten oder Ungläubige. Die einzige Möglichkeit einer Übereinkunft mit den Christen bestand darin, dass sie ihre Ansichten über Jesus revidierten – aber auch dies war ein unmögliches Unterfangen. Der Koran selbst reagiert darauf und geht soweit, seine christlichen Argumentationen zu verfälschen. Denn die letztendliche Wahrheit wird nun erst durch Muhammad enthüllt.

Die Behauptung der Juden und Christen, die einzigen Erben Abrahams zu sein, ist jedenfalls durch einen offensichtlichen Beweis als falsch nachgewiesen. Er (Abraham) war weder Jude noch Christ, weil sowohl die Tora als auch das Evangelium erst nach seinem Tod offenbart wurden.

Ich möchte jedoch darauf hinweisen, dass der Koran die jüdischen und christlichen Schriften niemals als unberechtigt verworfen hat. Sie wurden beide durch denselben Weg offenbart wie der Koran selbst. Das Streitthema besteht vielmehr darin, wie Christen und Juden die Schriften der Bibel verstanden und erklärt haben. Der eigentliche Vorwurf des Koran ist, den Text der Bibel falsch ausgelegt zu haben. Jetzt kommt die Bedeutung des 7. Verses in derselben Sure 3 zum Tragen, nach der von muslimischen Theologen das hermeneutische Prinzip festgesetzt wurde.

„Er ist es, der die Schrift auf dich herabgesandt hat. Darin gibt es (eindeutig) bestimmte Verse – sie sind die Urschrift – und andere, mehrdeutige. Diejenigen nun, die in ihrem Herzen (vom rechten Weg) abschweifen, folgen dem, was darin mehrdeutig ist, wobei sie darauf aus sind, (die Leute) unsicher zu machen und es (nach ihrer Weise) zu deuten. Aber niemand weiß es (wirklich) zu deuten außer Gott. Und diejenigen, die ein gründliches Wissen haben, sagen: ‚Wir glauben daran. Alles (was in der Schrift steht) stammt von unserem Herrn (und ist wahre Offenbarung, ob wir es deuten können oder nicht).' Aber nur diejenigen, die Verstand haben, lassen sich mahnen." (Sure 3, Vers 7)

Das Missverständnis besteht darin, dass die Verse, in denen der Koran Jesus als „Wort" und „Geist" Gottes beschreibt, zweideutig erklärt wurden, wohingegen die Verse, in denen seine Menschlichkeit als „nur" Prophet und Bote hervorgehoben wird, als „klar" deklariert wurden, gleichsam als Rückgrat der Bibel. Ein anderes Streitthema zwischen Muslimen und Christen ist die Lehre von der Kreuzigung. Die Muslime glauben, dass der Koran von einem normalen Tod Jesu spricht. Muslime stehen somit in keinem Konflikt zwischen normalem Tod und Himmelfahrt. Beides, so glauben sie, wird im Koran belegt. Dass Kreuzigung und Himmelfahrt in einem Zusammenhang stehen, wird abgelehnt.

Es ist kein Disput mit den Christen, vielmehr sehen Muslime darin eine Argumentation und Disputation der Christen gegen die Juden, in Verteidigung von Maria und Jesus Christus. Die jüdische, gotteslästerliche Behauptung des Ehebruches gegenüber Maria wird vom Koran vehement zurückgewiesen und verurteilt. Im selben Zusammenhang wird auch die Behauptung nicht anerkannt, dass die Juden Jesus getötet haben, samt der angedeuteten Drohung, sie könnten Muhammad ebenfalls töten.

„Die Leute der Schrift verlangen von dir, dass du ihnen (zur Bestätigung deiner Botschaft) eine Schrift vom Himmel herabkommen lässt. Von Mose haben sie (seinerzeit) noch mehr als das verlangt mit den Worten: 'Lass uns Gott klar und deutlich sehen!' Da kam (zur Strafe) für ihre Frevelhaftigkeit der Donnerschlag über sie. Hierauf nahmen sie sich das Kalb (zum Gegenstand ihrer Anbetung), nachdem sie die klaren Beweise erhalten hatten.

Aber wir rechneten es (ihnen) nicht an. Und wir gaben Mose (gegen Pharao) offenkundige Vollmacht. Und wir hoben den Berg (Sinai) über ihnen empor, indem wir sie (auf die Gebote) verpflichteten. Und wir sagten zu ihnen: ‚Tretet zum Tor (der Stadt) ein. indem ihr euch niederwerft!' Und wir sagten zu ihnen: ‚Übertretet nicht (unser Gebot) hinsichtlich des Sabbats!'

Und wir nahmen von ihnen eine feste Verpflichtung entgegen. Und weil sie ihre Verpflichtung brachen und nicht an die Zeichen Gottes glaubten und unberechtigterweise die Propheten töteten und sagten: ‚Unser Herz ist unbeschnitten' – aber nein, Gott hat es ihnen (zur Strafe) für ihren Unglauben versiegelt, weshalb sie nur wenig glauben –, und weil sie ungläubig waren und gegen Maria eine gewaltige Verleumdung vorbrachten, und (weil sie) sagten: ‚Wir haben

Christus Jesus, den Sohn der Maria und Gesandten Gottes, getötet.'
– Aber sie haben ihn (in Wirklichkeit) nicht getötet und (auch) nicht gekreuzigt.

Vielmehr erschien ihnen (ein anderer) ähnlich (so dass sie ihn mit Jesus verwechselten und töteten). Und diejenigen, die über ihn uneins sind, sind im Zweifel über ihn. Sie haben kein Wissen über ihn, gehen vielmehr Vermutungen nach. Und sie haben ihn nicht mit Gewissheit getötet. Nein, Gott hat ihn zu sich (in den Himmel) erhoben. Gott ist mächtig und weise." (Sure 4 Verse 153-158)

Wäre das Thema der Kreuzigung für den Koran genauso wichtig gewesen wie das Thema der menschlichen Natur Jesu Christi, wäre es immer und immer wieder in verschiedenen Zusammenhängen aufgetaucht. Es existiert aber nur als Antwort auf den jüdischen Anspruch. Die Diskursstruktur legt nahe, dass den Juden die Fähigkeit abgesprochen wird, sie hätten dies aus ihrer eigenen Kraft bewerkstelligen können. Ihre Drohung gegen Mohammad, ihn totzuschlagen, wie sie Jesus getötet haben, kann unmöglich geschehen, da Gott es nicht erlauben würde.

Wiederum stellt sich die Frage, welche Argumentation die Oberhand gewinnen wird, Zusammengehörigkeit oder Isolation?

Anhand der vorgestellten Argumentationsstrukturen lässt sich leicht auf die Beziehung zwischen dem Westen und der islamischen Welt kommen. Wie wird sich diese Beziehung verändern, wenn die Muslime ihre eigene Tradition ‚überdenken'. Ihr Leben zu modernisieren, den Koran neu zu denken – ohne dabei ihre spirituelle Kraft zu verlieren – ist eine der größten Herausforderungen für die Muslime mit weit reichenden Konsequenzen für sie selbst aber auch für den Westen.

Autoren und Gesprächspartner

Nasr Hamid Abu Zaid ist einer der bedeutendsten islamischen Philosophen der Gegenwart. Der Ägypter wurde wegen seiner Thesen zum Koran, zur islamischen Geschichte und Theologie und zum Islamismus von einem ägyptischen Richter 1995 von seiner Frau zwangsweise geschieden. Wegen des Vorwurfs der Ketzerei erhält er beständig Morddrohungen. Er lebt und arbeitet heute in den Niederlanden.

Soheib Bensheikh ist der Großmufti von Marseille. In Saudi-Arabien geboren und als Kind algerischer Einwanderer hat er erst in Ägypten (an der Al-Azhar Universität in Kairo) und später in Brüssel Islamisches Recht und Islamwissenschaften studiert und dann an der Sorbonne in Paris in Philosophie promoviert. Er bezeichnet sich selbst als Grenzgänger zwischen den Kulturen und gilt als einer der streitbarsten Rechtsexperten des Islam. Seine Kritik am traditionellen Islam brachte ihn auf die berüchtigten Todeslisten der GIA, der bekanntesten militanten Islamistengruppe Algeriens.

Michael Briefs, Islamwissenschaftler, arbeitet als Journalist für Rundfunk und Zeitungen. Schwerpunkte seiner Arbeit sind Reportagen aus arabischen Ländern.

Christoph Burgmer, Islamwissenschaftler und Iranist, arbeitet als Journalist für die ARD und hat mehrere Bücher publiziert. Zuletzt erschienen: Das *negative Potential – Johannes Agnoli im Gespräch*, Freiburg 2003 und *Global total – Eine Bilanz der Globalisierung*. Köln 2004 (zusammen mit Stefan Fuchs).

Christoph Luxenberg ist der Autor des heftig umstrittenen Buches *Die syro-aramäische Lesart des Koran*. Seine Forschungsergebnisse lösten eine über Fachkreise hinaus gehende Diskussion darüber aus, inwieweit der Koran bislang falsch gelesen und verstanden wurde.

Manfred Kropp ist Professor für Islamwissenschaft und Semitistik am Seminar für Orientkunde an der Universität Mainz. Zurzeit ist er Direktor des Orient-Instituts der Deutschen Morgenländischen Gesellschaft in Beirut. Forschungsschwerpunkte sind u.a. arabische Sprache und Literatur sowie semitische Epigraphik.

Michael Marx ist wissenschaftlicher Mitarbeiter am Seminar für Semitistik und Arabistik der FU Berlin. Er veröffentlichte zahlreiche Beiträge zur Koranexegese und zu Christoph Luxenberg.

Angelika Neuwirth ist Professorin für Arabistik und Leiterin des Berliner Instituts für Arabistik. Von 1994–1999 leitete Sie das Orient-Institut der Deutschen Morgenländischen Gesellschaft Beirut und Istanbul. Ihre Arbeitsschwerpunkte sind neben moderner arabischer Literatur vor allem Koran und Koranexegese.

Dr. Gerd-Rüdiger Puin ist Jemen-Experte und Islamwissenschaftler in der Arbeitsstelle für Religionswissenschaft der Universität des Saarlandes. Der Akademische Oberrat leitete 1981 bis 1985 in Sanaa organisatorisch und wissenschaftlich das Projekt „Restaurierung und Katalogisierung arabischer Handschriften" bei der jemenitischen Antikenbehörde.

Reinhard Schulze ist Professor für Islamwissenschaft an der Universität Bern und Leiter des gleichnamigen Instituts. Er ist einer der bekanntesten deutschsprachigen Autoren von Standardwerken zu Geschichte und Gegenwart der islamischen Welt.

Literaturauswahl

Nasr Hamid ABU ZAID: Ein Leben mit dem Islam. Erzählt von Navid Kermani. Freiburg i.Br. 1999.

Nasr Hamid ABU ZAID: Voice of an exile: Reflections on Islam. Westport, Conn. u.a. 2004.

ARBEITSPAPIER der Konrad-Adenauer-Stiftung: Islam-Brief Nr. 3 (1/2003): „Reformislam und Koranstudien" (Gregor Meiering), S. 18-20.

Carl-Heinrich BECKER: „Islamische Dogmenbildung und christliche Polemik". In: Zeitschrift für Assyriologie 26 (1912).

Carl-Heinrich BECKER: Islamstudien. 2 Bde., Leipzig 1924-1934.

Richard BELL: Introduction to the Qur'an. Edinburgh 1953.

Gotthelf BERGSTRÄSSER: Koranlesung in Kairo. Berlin 1932-33.

Gotthelf BERGSTRÄSSER: Nichtkanonische Koranlesarten im Muhtasab des Ibn Ginni. München 1933.

Gotthelf BERGSTRÄSSER: „Plan eines Apparatus Criticus zum Koran". In: Sitz. d. Bayer. Akad. d. Wiss., Phil.-hist. Abt., 1930, Heft 7.

Gotthelf BERGSTRÄSSER: Verneinungs- und Fragepartikeln und verwandtes im Qur'an. Ein Beitrag zur historischen Grammatik des Arabischen. Leipzig 1914.

Hartmut BOBZIN: Mohammed, München 2000.

Hartmut BOBZIN: Der Koran. Eine Einführung. München 1999.

Hartmut BOBZIN: Der Koran im Zeitalter der Reformation. Beirut 1995.

Hartmut BOBZIN: „Martin Luthers Beitrag zur Kenntnis und Kritik des Islam". In: Neue Zeitschrift für Systematische Theologie und Religionswissenschaft 27 (1985).

Patricia CRONE / Michael Cook: Hagarism. The Making of the Islamic World. Cambridge 1977.

Francois de BLOIS: Elchasai – Manes – Muhammad. Manichäismus und Islam in religionshistorischen Vergleich, Der Islam 2004, S. 31-48.

François de BLOIS: Review of Christoph Luxenberg. In: Journal of Qur'anic Studies 5/1 (2003), S. 92-97. (Persische Übersetzung der Besprechung in: Tarjuman-e Wahy 7,2 (2004/1425h), S. 120-128.)

Frederico CORRIENTE: „On a proposal for a Syro-aramaeic reading of the Quran". Collectanea Christiana Orientalia 2003, S. 305-314.

Siegmund FRAENKEL, Die aramäischen Lehnwörter im Arabischen, Leiden 1886.

Ralf GHADBAN: „Maʻani l-qurʻan ʻala dau' 'ilm al-lisan" und Muhammad Hasan Zaraqit „Mutabaʻat naqdiyya li-risalat Kristuf Luksinbirgh wa-minhagihi", Al-hayyat at-tayyiba 4, Jg. Nr. 13 (Herbst) 2003/1426, S. 307-321.

Abraham GEIGER: Was hat Mohammed aus dem Judenthume aufgenommen? Bonn 1833; 2. rev. Aufl. Leipzig 1902.

Claude GILLIOT: „Langue et Coran. Une lecture syro-araméenne du coran". In: Arabica 50, 3 (2003) 380-393.

Ignaz GOLDZIHER: Die Richtungen der Islamischen Koranauslegung. An der Universitat Upsala gehaltene Olaus-Poetri-Vorlesungen von Ignaz Goldziher. Leiden 1920.

Richard GOTTHEIL: „A Christian Bahira Legend", Zeitschrift für Assyrologie 13 (1898), 189-242; 14 (1899), 203-268; 15 (1900), 56-102; 17 (1903), 125-166.

Adolf von HARNACK: Lehrbuch der Dogmengeschichte. Tübingen 1909 Nachdr. Tübingen 1990.

Jonathan HOPKINS: Review of Christoph Luxenberg. In: Jerusalem Studies in Arabic and Islam 2003, S. 377-380.

Herman HAUSSLEITER: Herman Register zum Qorankommentar des Tabari. Strassburg 1912.

Josef HOROVITZ: Koranische Untersuchugen. Berlin 1926.

IBN ISHÂQ: Das Leben des Propheten / aus d. Arab. übertragen u. bearb. von Gernot Rotter. Tübingen u. Basel: Erdmann, 1976. (Bibliothek arabischer Klassiker).

Toshihiko IZUTSU: The structure of the ethical terms in the Koran: a study in semantics. Tokyo 1959.

Toshihiko IZUTSU: God and man in the Koran; semantics of the Koranic Weltanschauung. Tokyo 1964.

Toshihiko IZUTSU: Ethico – religious concepts in the Quran. Montreal 1966.

Arthur JEFFERY: Materials for the history of the text of the Qurʻan; the codices; the Kitab al-masahif of Ibn Abi Dawud together with a collection of the variant readings ... Uthman. Leiden 1937.

Arthur JEFFERY: The foreign Vocabulary of the Qur'an, Baroda/Indien 1938.
Jacques JOMIER: Le commentaire coranique du manar. Paris 1954.
Murtada KARIMINIYA: „Masv'ala-yi ta'thir-i zabanha-yi 'arami wa-suryani dar zaban-i Qur'an". In: Nashr-i Danish 20,4 (2004), S. 45-56.
Johannes Hendrik KRAMERS: De taal van den Koran. Leiden 1940.
Gunter LÜLING: Über den Ur-Qur'an, Ansätze zur Rekonstruktion vorislamischer christlicher Strophenlieder im Qur'an. Erlangen 1974.
Günter LÜLING: A Challenge to Islam for Reformation. The Rediscovery and Reliable Reconstruction of a Pre-Islamic Christianity and hidden in the Koran under earliest Islamic Re-Interpretation. Delhi 2003.
Günter LÜLING: „Preconditions for the Scholarly Criticism of the Koran and Islam, with some autobiographical remarks". In: Journal of Higher Criticism 3(1996) 73-109.
Günter LÜLING: Die Wiederentdeckung des Propheten Muhammad. Eine Kritik am „christlichen Abendland". Erlangen 1981.
Christoph LUXENBERG: Die syro-aramäische Lesart des Koran. Ein Beitrag zur Entschlüsselung der Koransprache. Berlin 2000. (zweite, überarbeitete und erweiterte Auflage: Berlin 2004)
Christoph LUXENBERG: Weihnachten im Koran. In: INAMO 33 (2003), 42-44.
Michael MARX: „Ein neuer Impuls für die Erforschung des Korans (Teil 1)". In: INAMO 33 (2003) 45-47; „Ein neuer Impuls für die Erforschung des Korans (Teil II)" in: INAMO 34 (2003) 50-52; auch: DAVONachrichten, Heft 17 (August 2003) 45-50.
Michael MARX: „Eine Berliner Konferenz: Was ist eigentlich der Koran?". In: INAMO 37 (2004), S. 53-54.
Denise MASSON: Le Coran et la revelation judeo-chretiennee; etudes comparees. Paris 1958.
MAULANA MUHAMMAD 'ALI: The Religion of Islâm. A comprehensive discussion of the sources, principles and practices of Islâm. Cairo: The Arab Writer, [o.J.].
Alfons MINGANA: „Syriac Influence on the Style of the Kur'an". In: Bulletin of John Rylands Library 11 (Manchester 1927), 77-98.

Rainer NABIELEK: „Weintrauben statt Jungfrauen als paradiesische Freude". In: DAVO-Nachrichten. Heft 17 (August 2003), 17-45.

Tilman NAGEL: Der Koran. Einführung - Texte - Erläuterungen. München 1983.

Tilman NAGEL: Medinensische Einschübe in mekkanischen Suren. Göttingen 1995.

Angelika NEUWIRTH: Studien zur Komposition der mekkanischen Suren. Berlin 1981.

Angelika NEUWIRTH: „Qur'an and history, a disputed relationship: some reflections on Qur'anic history and history of the Qur'an".
In: Journal of Qur'anic Studies 5, 1 (2003), 1-18.

Theodor NÖLDEKE: Neue Beiträge zur semitischen Sprachwissenschaft. Straßburg 1910.

Theodor NÖLDEKE: Geschichte des Qorâns. Göttingen 1860. 3 Bände: 1) Über den Ursprung des Qorâns / bearb. v. Friedrich Schwally. Leipzig 1909. 2) Die Sammlung des Qorâns / völlig umgearb. v. Fr. Schwally. Leipzig 1919. 3) Die Geschichte des Korantextes / v. Gotthelf Bergsträsser und Otto Pretzl. Leipzig 1938,
repr. Hildesheim 1961 u.ö.

Mehmet Tayyib OKIE: Kur'an-i kerimin uslub ve kiraati : leestyle et la lecture du Kur'an. Ankara 1963.

Rudi PARET: Grenzen der Koranforschung. Stuttgart 1950.

Rudi PARET: Mohammed und der Koran. Geschichte und Verkündigung des arabischen Propheten. – Stuttgart: Kohlhammer, 1957 u.ö.

Rudi PARET (Hrsg.): Der Koran, Darmstadt 1975.

Robert R. PHENIX / Camilla B. Horn: Review of Christoph Luxenberg. Die syro-aramäische Lesart des Koran". In: Hugoye Journal of Syriac Studies 6, 1 (2003).

Otto PRETZL: Die Wisssenschaft der Koranlesung ('ilm al-qira'a); ihre literarischen Quellen und ihre Aussspracheground lagen (usul). o.O., o.A.

Efim A. REZVAN: Koran i ego mir. St.-Peterburg 2001.

Robert ROBERTS: The social laws of the Qur'an considered and compared with those of the Hebrew and Norge. o.O. 1925.

Ekkehard RUDOLPH: Westliche Islamwissenschaft im Spiegel muslimischer Kritik. Grundzüge und aktuelle Merkmale einer innerislamischen Diskussion. Berlin 1991.

Nicolai SINAI: „Auf der Suche nach der verlorenen Vorzeit. Günter Lülings apokalyptische Koranphilologie". In: NZZ 19.2. 2004, S. 37.

Alexander STILLE: „Radical new views of Islam and the Origins of the Koran". In: New York Times 2.3.2002.

Anton SPITALER: Die Verszahlung des Koran nach Islamischen Überlieferungen. Munden 1935.

Charles Cutler TORREY: The commercial theological terms in the Koran. Leiden 1892.

Karl VOLLERS: Volkssprache und Schriftsprache im alten Arabien, Straßburg 1906.

W. Montgomery WATT: Bell's Introduction to the Qur'an, completely revised and enlarged, Edinburgh 1970.

John WANSBROUGH: Quranic Studies. Sources and Methods of Scriptural Interpretation, Oxford 1977.

John WANSBROUGH: Sectarian Milieu: Content and Composition of Islamic Salvation History, Oxford 1978.

Stefan WILD (Hg.): The Qur'an as Text. Leiden 1996.

Stefan WILD: „Die Sinnlichkeit des Koran ist alles andere als dunkel". Der Prophet Mohammed und sein Ur-Koran: Was können wir wissen, was sollen wir tun, was dürfen wir hoffen? Ein Kommentar zu Christoph Luxenberg". In : SZ 24.2.2004, S.15. „Der Fuchs und die süßen Trauben des Paradieses. Wieviel Philologie verträgt der rechte muslimische Glaube? Ein Gespräch mit dem Islamwissenschaftler und Koranübersetzer Christoph Luxenberg" und Stefan Wild, „Die Sinnlichkeit des Koran ist alles andere als dunkel", SZ 24.2.2004, S. 15.

Israel YUVAL: „Pessach und Ostern: Dialog und Polemik in Spätantike und Mittelalter", Kleine Schriften des Arye-Maimon-Instituts, Heft 1, Trier 1999.

Hans ZIRKER: Der Koran. Zugänge und Lesarten, Darmstadt 1999.

Hans ZIRKER: Der Koran. Übersetzt und eingeleitet, Darmstadt 2003.

Christoph Luxenberg
Die Syro-Aramäische Lesart des Koran
Ein Beitrag zur Entschlüsselung der Koransprache
ISBN 3-89930-028-9 – Zweite, überarbeitete und erweiterte Auflage 2004
„Viele dunkle Stellen, die in über 1000 Jahren Arbeit am heiligen Text selbst für arabische *native speakers* rätselhaft bleiben, kann Luxenberg erhellen... In manchen Internet-Foren versucht man Luxenberg mit dem Vorwurf zu erledigen, er wolle den Muslimen das Heiligste nehmen. Das ist ein durchsichtiges Manöver. Unterschlagen wird dabei, dass Luxenbergs Werk nicht nur eine Pointe für die Muslime, sondern auch für die Christen hat. Auch sie werden gezwungen, im vermeintlich anderen das Fortleben der eigenen Tradition zu erkennen – und zwar ohne das übliche Kulturdialog-Gequatsche, nur mit den Mitteln der Philologie." (DIE ZEIT)

Robert Marzari
Fesselndes Arabisch
Strukturelle Schwierigkeiten und künstliche Barrieren
in der arabischen Sprache
ISBN 3-89930-076-9
Im vorliegenden Buch zeigt der Autor sowohl die Schwierigkeiten als auch die Barrieren des Arabischen auf und unterscheidet dabei außerdem zwischen Schwierigkeiten, die nur geringfügig verändert und Barrieren, die unbedingt abgeschafft werden müssten, um der Mehrheit in den arabischen Völkern einen leichteren Zugang zur Schriftsprache zu ermöglichen.

Thomas Hasel
Machtkonflikt in Algerien
ISBN 3-89930-190-0
Auch wenn die Grausamkeit der Terrorakte den Blick auf Algerien trübt, es gibt Ursachen des Konflikts, so vielfältig sie sein mögen, es gibt Zusammenhänge, so verworren sie scheinen mögen und es gibt definierbare Täter mit bestimmten Interessen. Die Auseinandersetzungen haben die algerische Gesellschaft zerrissen. Wenn aber die Ursachen des Konflikts, die Konfliktakteure und ihre Interessen sowie das Machtverhältnis zwischen den Konfliktparteien bekannt sind, dann lassen sich auch Lösungsvorschläge für den algerischen Konflikt entwerfen.

Vanessa Steinmayer
Islamische Ökonomie in Südafrika
Eine Untersuchung muslimischer Unternehmen
in Johannesburg, Kapstadt und Durban
ISBN 3-89930-026-2
Fordert der Islam ein grundlegend anderes Wirtschaftssystem? – Und wenn ja, welche Merkmale kennzeichnen dieses? Eine übersichtliche Einführung in das Regelsystem des Islam und die wirtschaftlich relevanten Normen. Am Beispiel islamischer Unternehmen in Südafrika erörtert die Autorin Fragen der Islamischen Ökonomik, sie untersucht das islamische Bankwesen und die Rolle islamischer Wohlfahrtsorganisationen.

www.verlag-hans-schiler.de